首都经济贸易大学出版资助

当代中国文化发展战略研究

提升中华民族的文化自信
坚守社会主义核心价值观
推动中华优秀传统文化的创造性转化和创新性发展
建设具有强大凝聚力和引领力的社会主义意识形态
提高国家文化软实力
激发全民族文化创造创新活力

李厚羿 ◎ 著

首都经济贸易大学出版社
Capital University of Economics and Business Press
·北 京·

图书在版编目（CIP）数据

当代中国文化发展战略研究/李厚羿著. --北京：首都经济贸易大学出版社，2021. 4

ISBN 978-7-5638-3192-0

Ⅰ. ①当…　Ⅱ. ①李…　Ⅲ. ①文化产业—产业发展—发展战略—研究—中国　Ⅳ. ①G124

中国版本图书馆 CIP 数据核字（2021）第 023091 号

当代中国文化发展战略研究
DANGDAI ZHONGGUO WENHUA FAZHAN ZHANLÜE YANJIU
李厚羿　著

责任编辑　潘　飞
封面设计　砚祥志远·激光照排 TEL: 010-65976003
出版发行　首都经济贸易大学出版社
地　　址　北京市朝阳区红庙（邮编 100026）
电　　话　（010）65976483　65065761　65071505（传真）
网　　址　http：//www. sjmcb. com
E - mail　publish@ cueb. edu. cn
经　　销　全国新华书店
照　　排　北京砚祥志远激光照排技术有限公司
印　　刷　北京建宏印刷有限公司
成品尺寸　170 毫米×240 毫米　1/16
字　　数　145 千字
印　　张　11. 75
版　　次　2021 年 4 月第 1 版　2021 年 4 月第 1 次印刷
书　　号　ISBN 978-7-5638-3192-0
定　　价　45. 00 元

前　言

习近平新时代中国特色社会主义文化思想是关于国家文化发展的顶层设计和战略部署。作为科学的理论，它是中国目前和未来文化发展建设具体实践的根本遵循。当前，不同国家、地区和民族之间多种文化思潮的交流、交融、交锋日趋频繁，社会领域中的文化问题和矛盾不断呈现出新的特征，世界文化格局更加多元复杂，文化在综合国力竞争中的地位和作用也不断凸显，并逐渐成为影响整个社会历史变革的关键因素。党的十八大以来，习近平总书记提出了一系列关于文化建设的重要论述，随着党的十九大和十九届二中、三中、四中、五中全会的胜利召开，更多新的文化建设观点和论断相继提出，从而形成了丰富、系统、科学的习近平新时代中国特色社会主义文化思想。根据这一思想，本书围绕提升中华民族的文化自信、坚守社会主义核心价值观、推动中华优秀传统文化的创造性转化和创新性发展、建设具有强大凝聚力和引领力的社会主义意识形态、提高国家文化软实力、激发全民族文化创造创新活力等多个方面来展现它的内在逻辑和思想魅力，体味习近平新时代中国特色社会主义文化思想所蕴含的理论与实践、情怀与务实、理想与现实、科学性与价值性、党性和人民性相统一的理论品格和精神特质。

回顾过去，习近平总书记总揽全局、举旗定向、掌舵领航，推动党和国家事业取得了历史性成就，实现了历史性变革，我们也迎来了在全面建成小康社会、实现第一个百年奋斗目标之后乘势而上开启全面建设社会主义现代化国家新征程、向第二个百年奋斗目标进军的开篇之年。伟大的事业需要伟大的理论作为指导，学习贯彻习近平新时代中国特色社会主义思想是全党重要的政治任务，同时也需要理论工作者不断深入研究阐释理论，做好解读宣讲工作。本书是作者在中国社会科学院文化研究中心从事博士后工作期间的理论成果，旨在为读者推出一本通俗易懂、简明清晰的介绍习近平新时代中国特色社会主义文化思想的读物，尽量做到兼顾学术性和大众性。

本书的出版得到了首都经济贸易大学出版基金的资助。同时，对在本书编写过程中提供指导和帮助的李景源教授、郝立新教授、高岸起教授、熊晓琳教授、李久林教授、惠鸣副研究员、祖春明副研究员、田江太博士、于晓杰博士以及首都经济贸易大学出版社的各位编辑，表示衷心的感谢。

李厚羿

2021 年 3 月于北京丰台

目录
CONTENTS

引言　理解当代中国的文化发展战略

国家和民族的发展强盛，总是以文化兴盛作为支撑的。综观当今世界，大发展、大变革和大调整成了时代趋势，经济全球化不断深入，世界多极化持续生成，科技发展日新月异……在这样的背景下，不同国家、地区和民族之间的多种文化思潮交流交锋日趋频繁，社会领域中的文化问题与矛盾不断呈现出新的特征，世界文化格局也更加多元复杂，文化在综合国力竞争中的地位和作用正不断凸显，并逐渐成为影响整个社会历史变革的关键因素。

中国改革开放40多年来，面对国际国内的纷繁复杂形势，党和国家的各项事业在曲折坎坷中整体稳步向前推进，经济实力不断增强，政治制度不断成熟。在这样的前提下，中国的文化建设事业也在现实中逐步探索，在改革中日臻完善，为经济社会发展提供了强大的精神动力和智力支持。在改革开放的各个阶段，党和国家在文化建设方面形成了符合时情的文化发展观念，制定了相应的文化纲领政策，充分反映出特定历史时期经济、政治等发展要求，体现了特定时代的文化价值取向。回顾改革开放的历史，国家的文化发展观念主要是围绕解放文化生产力、发展文化产业、构建全面覆盖的公共文化服务体系、建设社会主义核心价值体系、提高国家文化软实力、维护国家文化安全等内容展开的，最终以保障人民群众基本文化权利为落脚点，以深化文化体制改革为重要手段，以坚持走中国特色社会主义文化发展道路为理论依归，以实现社会主义文化大发展大繁荣为实践诉求。党的十七届六中全会正式确立建设社会主义文化强国的战略目标，第一次把我国文化改革发展的指导理念全面提升到国家长期战略目标层面，从而对文化改革发展在社会主义现代化建设、实现中华民族伟大复兴中的重要地位和基础性作用进行了充分的宣示。党的十八大进一步提出“建设社会主义先进文化”是“中国总道路”的具体道路之一，文化建设是中国社会主义现代化建设“五位一体”总体布局中的重要组成部分。党的十九大肯定了思想文化建设取得的重大进展，正式提出了习近平新时代中国特色社会主义思想，并且明确了当今中国文化发展的中长远战略目标。在新的历史起点上，社会主义文化迎来大发展大繁荣的重要机遇期，习近平同志高瞻远瞩，审时度势，以战略的眼光、从历史的高度，对一系列经济社会发展过程中的文化问题作出了深刻的解答，对中国的文化发展作出了战略布局和统筹规划，赋予中国文化建设以新的历史使命和时代要求，这是对中国特色社会主义文化发展道路的理论创新。

当今时代，战略已成为一个国家发展中最具决定意义的主题词。文化战略是国家文化发展的最高设计；文化资源是文化的历史积淀和要素传承，是文化得以发展的基础。文化体制是文化战略的制度性安排，是在国家范围内的文化资源的分配机制；文化价值是文化战略的核心。处于伟大复兴历史进程中的中国正处在一个战略新时代，这既是一个全球化语境中文化思潮空前激荡的时代，也是国家软实力竞争不断加剧的时代，随着文化在全球竞争中的地位和作用的凸显，文化战略日益成为国家政策和发展战略的中心。文化领域的扩张和反扩张、渗透和反渗透等博弈已成为国际竞争的重要焦点，对文化资源和话语权的争夺则成为全球性资源配置的重要内容。当前，越来越多的文化产品进入全球市场，越来越多的区域文化经济融入现代世界市场体系，各种文化力量之间的博弈空前激烈。近年来，我国实际经济总量正不断接近美国，在全球经济中的贡献和引领作用也益发突出；与此同时，全球经济政治格局的新变动也日益明显，中国正在成为“全球性大国”，正在进入实现民族伟大复兴的关键时期。中华民族的伟大复兴不能缺少文化内涵和文化发展目标，也就是说，文化复兴是中华民族伟大复兴的根本性标志和关键性支撑，中华民族应该向世界贡献一种“文明的典范”或“典范的文明”，再度成为一个“文明型国家”。从这一目标来看，文化对于实现中华民族伟大复兴的中国梦，日益具有全面引领、境界提升的作用。党的十八大以来，中国的全球战略意识益发清晰，中国新一代领导集体所提出的“一带一路”倡议，快速有序地推进了国家经济政治全球战略新布局，并逐步构建以“人类命运共同体”为代表的全新世界格局。

当代中国的文化战略思想应该从历史和现实两个维度来理解。从历史维度上看，新时代文化战略思想的提出有其深刻的历史必然性，是对文化强国战略的全面推进和不断深化，蕴含着改革开放进程中一系列文化发展观念的成功经验和实践智慧。中国特色社会主义的文化发展观念并不是一蹴而就的，而是在中国经济社会发展的不同阶段以增量累积的方式不断补充和完善的，其形成于中国社会由计划经济向市场经济转型的关键时期，发展贯穿于改革开放 40 多年来的伟大历程之中，是对中国经济转型和经济全球化影响的总体回应。纵观历史，中国特色社会主义文化发展观念的形成大致经历了以下几个过程：“文化大革命”结束到党的十二大的召开，文化发展观念的主要变化是将文化从为政治服务的唯一功能中解放出来，使文化发展的目的逐步向“满足人民群众日益增长的精神文化需求”回归；党的十二大至十五大前，文化发展观的主要变化是逐渐承认文化市场及文化产品的多种属性；党的十五大至十六届四中全会，文化发展观的主要变化是文化产业被正式纳入国家文化政策视野，通过文化体制改革及发展文化产业来解放和发展文化生产力成为文化发展的主题；党的十六届五中全会至十七大，完善公共文化服务体系，落实人民群众文化权益，推动社会主义文化大发展大繁荣成为国家文化发展的新目标；党的十七届六中全会到十八大，文化强国成为时代强音。

具体来看，“十二五”以来特别是党的十八大以来，党中央、国务院高度重视文化建设，作出了一系列重大决策部署。党的十七届六中全会通过了《中共中央关于深化文化体制改革推动社会主义文化大发展大繁荣若干重大问题的决定》。党的十八大从实现“两个一百年”奋斗目标的高度，提出了建设社会主义文化强国的战略任务；党的十八届三中全会将深化文化体制改革作为全面深化改革的一个重要方面作出部署。党的十八届四中全会将文化法治建设作为全面依法治国的重要方面作出部署。党的十九大以来，中国的文化发展战略更加聚焦于进一步将中国文化推向新的繁荣。习近平总书记多次就文化建设作出重要指示，为社会主义文化建设指明了方向，提供了遵循，大大提高了全党全社会对社会主义文化建设的认识，大大增强了全党全社会的文化自觉和文化自信。

党和国家高度重视文化发展。党的十八大报告与十八届三中全会通过的《中共中央关于全面深化改革若干重大问题的决定》进一步强化了文化发展作为中国特色社会主义现代化事业的重要组成部分和关键地位，文化建设是国家建设“五位一体”总体布局的重要支点，社会主义文化迎来大繁荣大发展的重要机遇期。随着施政目标的全面推进，习近平总书记的文化战略思想逐渐清晰，包括培育社会主义核心价值观，弘扬中华优秀传统文化，重视意识形态工作，提升国家文化软实力，建设社会主义文化强国，等等。党的十九大报告《决胜全面建成小康社会 夺取新时代中国特色社会主义伟大胜利》中的“七、坚定文化自信，推动社会主义文化繁荣兴盛”专门论述了文化发展的总体思路，提出“牢牢掌握意识形态工作领导权”“培育和践行社会主义核心价值观”“加强思想道德建设”“繁荣发展社会主义文艺”“推动文化事业和文化产业发展”等主题，并以此分章论述文化发展的多个层面。党的十九届四中全会通过的《中共中央关于坚持和完善中国特色社会主义制度、推进国家治理体系和治理能力现代化若干重大问题的决定》，从国家治理的战略高度系统地论述了“坚持和完善繁荣发展社会主义先进文化的制度，巩固全体人民团结奋斗的共同思想基础”这一文化发展主题，国家文化发展的战略轮廓更加具体和清晰。党的十九届五中全会通过《中共中央关于制定国民经济和社会发展第十四个五年规划和二〇三五年远景目标的建议》，进一步对繁荣发展文化事业和文化产业，提高国家文化软实力提出了科学的战略规划和清晰的发展目标。

从现实维度上看，当代中国的文化发展战略建立在对国际国内形势准确判断的基础之上，体现了中国社会主义市场经济发展的趋势和特点。改革开放 40 多年来，中国已经基本完成从计划经济向市场经济的转型，经济领域的转型深刻影响了文化领域，并使其发生了巨大的变化。首先，市场化改变了文化产品的提供方式和文化资源的配置模式。国家不再是文化产品的唯一提供者，计划经济手段和国家行政手段也不再是文化资源的唯一配置手段，市场成为文化资源的基本配置手段。其次，市场化改变了文化利益和文化权利的主体构成。在市场化条件下，个人、企业、非政府组织甚至国际文化资本等，都成为文化市场中的利益主体，文化空间的利益与权利关系空前复杂化。再次，市场化改变了文化产品的评价模式。在市场化条件下，文化产品反映人们在市场经济中的生活，其文化经济属性、娱乐属性和审美属性成为社会公众评价文化产品的重要指标。最后，市场化深刻影响着文化生产的管理模式。国家不能够再以旧有的模式来治理、监管日益市场化、复杂化的文化生产方式，而必须进行管理体制和管理手段的创新，要逐步完善遵循社会主义先进文化发展规律、体现社会主义市场经济要求、有利于激发文化创新创造活力的文化管理体制和生产经营机制。步入新时代，人们对现代文化产业体系和市场体系的建设，以及以高质量发展为导向的文化经济政策都产生了更多的要求和更高的期待，而这些都必须以新的战略（包括新的眼光、新的思维和新的评价立场等）来看待文化领域的新变化，不断解放文化生产力，发展文化产业，落实公众文化权益。因此，国家文化战略既体现了中国经济发展模式的深刻转变，也表征着国家治理体系和治理能力现代化不断进步的总特征。

中国的文化发展战略深刻体现着中国文化在参与全球文化竞争中的形象与姿态。国家文化发展战略是面向市场化的战略，也是面向全球化的战略。当前，以信息全球化为基础，以知识经济的形成为标志，新一轮全球化将文化竞争推向国际竞争的前沿。一方面，全球化进程使得经济和文化之间的融合更加深入，文化产业竞争成为当前国际经济竞争的新高地。在这个基础上，以国家文化、制度和价值观念等为基础的国家软实力竞争成为综合国力角逐的新领域。美国、欧洲等发达国家和地区凭借强大的科学、经济和文化创意产业，占据了文化竞争的战略高地，也向世界输出着自己的价值观和参照系。中国作为正在努力实现现代化的发展中国家，由于现代文化产业起步较晚，国家文化软实力还有待增强。也正因为如此，在“五位一体”的整体战略布局中，文化建设在新的历史时期承担着实现“国运兴、民族强”的使命和任务。另一方面，全球化也向民族国家的文化发展机制提出了严峻的挑战。全球化的文化竞争引发了一系列国际新问题，文化多样性和文化均质性之间的矛盾越发凸显。传统价值观和现代价值观之间的差异性能否调和？国家认同与文化身份认同、东方文化与西方文化的交融如何实现？……这些问题是许多国家都要面对的。对中国而言，要实现中华民族的伟大复兴，就需要解决好中国文化如何在全球化进程中实现繁荣兴盛、坚持自己的文化发展道路的同时，又能够为世界文化发展贡献自己力量等重大问题。所以，当代中国文化发展战略需要摈弃旧观念，不断解放思想，推进文化领域的观念和体制创新，迎接全球化带来的各种挑战和机遇，积极为世界的发展提供新方案，以开放、自信的胸怀努力推动中国文化吸收人类一切文明的先进成果，走中国特色社会主义文化发展道路，激发全民族文化创造活力，建设社会主义文化强国。

在战略抉择中，文化发展战略与国家发展整体战略紧密相连、有机统一，文化发展战略的选择必须符合国家的文化需求。习近平总书记指出，“战略问题是一个政党、一个国家的根本性问题。战略上判断得准确，战略上谋划得科学，战略上赢得主动，党和人民的事业就大有希望”①。从国家发展战略层面来看，千百年来，中国人民最深厚的情结、最坚定的目标、最伟大的梦想就是实现中华民族的复兴。这是中国共产党人战略思维和国家发展战略的思想基础，文化发展战略也深植于这个宏伟目标之中，并且与经济社会发展战略一道共同形成实现目标的战略体系。为了努力实现中国梦，文化发展战略要遵循国家发展整体战略中的基本原则，以此实现两者的协调推进。

在理解新时代的中国文化发展战略时，有两方面的问题值得重点关注。第一个是中国的文化发展战略与国际环境变化之间的关系。作为当下世界第二大经济体，中国已经在全球化进程中与世界其他国家和地区融为一体，形成你中有我、我中有你的深度联系，国际环境对我国发展的影响越来越大。经济、政治等不同层面的变化直接影响到文化领域的战略部署和政策制定，彼此相依，形成了一个关联整体。在经济层面，经济全球化是不可逆转的时代趋势、发展大势，但是当前贸易保护主义和反全球化思潮不断抬头，多边贸易体制受到严重挑战，同时伴随全球经济重心东移，发展中国家加快推进工业化进程并凭借劳动力成本和自然资源比较优势积极地参与国际分工，这些对我国的经济发展和产业结构都产生重要的影响。在政治层面，西方国家仍然保持强势地位，但政治极化突出，社会分化严重，新兴市场国家和发展中国家不断崛起，大国之间争夺全球治理和国际规则制定主导权的较量更趋激烈。总的来看，世界多极化趋势增强，“东升西降”“南升北降”态势明显，发达国家地位和作用相对下降。经

① 习近平在纪念邓小平同志诞辰 110 周年座谈会上的讲话［EB/OL］.［2014-08-21］. http://cpc.people.com.cn/n/2014/0821/c64094-25507193.html.

济、政治的变化都影响着文化领域的发展，经济困境、政党争端、民粹政治等问题使西方国家的传统价值观受到了质疑。目睹西方世界对一系列全球治理问题的束手无策，更多的新兴国家开始思考不同于西方的新的发展理念和文化精神，在制定文化发展战略时，不再简单地模仿、照搬西方的文化模式，不再单纯地迷恋以西方价值观为主导的文化发展道路，而是更加重视文化的民族问题、特殊发展道路问题等。

第二个是中国的文化发展战略与国内环境变化之间的关系。党的十九大提出了中国特色社会主义进入新时代的科学判断，这是制定各项战略的基本前提。改革开放 40 多年来，中国经济社会发生了巨大的变化，社会生产力迈上了新台阶，综合国力不断提升，中国在国际社会的影响力不断增强。从经济上来看，国内生产总值（GDP）已经稳居世界第二位，经济结构更加优化，城镇化水平不断提升，基础设施日臻完善。对于广大人民群众而言，生活水平得到了大幅的改善，贫困人口不断减少直至消除，收入阶段正由中等迈向高等。这些改变使得国家的主要矛盾发生历史性变化，社会主要矛盾已经转化为人民日益增长的美好生活需要和不平衡不充分的发展之间的矛盾。这一重大的政治判断直接影响着未来文化建设的战略部署和顶层设计，文化发展的不平衡不充分成了今后有待解决的主要问题。不论是文化产业的创新创造能力，还是文化公共服务的教育普惠功能，都有着较大的发展提升空间。一个国家的社会能力主要体现为该国的文化进步能力与民众的整体素质和水平，社会凝聚力和组织动员能力，以及社会制度化水平和社会秩序等，而所有这些都取决于文化产品和服务的有效供给，以及全社会都能够均等化地享受文化资源等。但是，当前国家所面临的文化发展质量和效益不高，文化科技创新能力不强，城乡区域文化发展差距较大等都制约着文化发展目标的实现。所以，国家文化发展战略就是通过转变发展方式、优化经济结构、转换增长动力、提高创新力度、加大国家扶持等方式解决新问题新矛盾的宏观措施方案。

在新的历史时期，文化发展战略要遵循以下原则。第一，坚持以人民为中心的文化发展理念。文化不是只服务于少数人，也不是只服务于所谓的社会精英和名流人士。文化的生产与创造要展现广大人民群众的生活现实，体现社会发展的主流价值观。文化发展的成果与经济社会发展的成果一样，都要惠及全体人民，实现全体人民的共享。党开展各类文化工作，都以人民为中心，以实现人民的文化利益为出发点和归宿，把人民对精神生活的美好向往作为自己最根本的工作方向和奋斗目标。

第二，发展是文化发展战略的核心思想。当前，中国特色社会主义已经进入新时代，我国社会的主要矛盾已经转化为人民日益增长的美好生活需要和不平衡不充分的发展之间的矛盾。尽管我国的经济总量已经达到世界第二，但是人均水平仍然远低于很多国家，处于发展中国家水平。所以，从国家总体战略来看，发展仍然是党执政兴国的第一要务，也是战略的核心思想所在。在文化领域，我国当前不论是文化产品及其服务供给，还是文化生产能力，都达不到世界先进水平，也不能有效满足人们的精神文化需求，同时文化资源分配不均的问题依旧突出。因此，通过发展解决文化问题是文化发展战略的重要价值所在，一切矛盾也只有在不断发展变革的过程中才能得到有效解决。

第三，文化发展战略要体现共同富裕的根本方向。实现全体人民的共同富裕，是中国共产党人的奋斗目标，是社会主义的本质特征。习近平总书记在党的十九大报告中多次提到共同富裕的问题，他指出，中国特色社会主义新时代“是全国各族人民团结奋斗、不断创造美好生活、逐步实现全体人民共同富裕的时代”①。文化繁荣和文化共享是共同富裕宏大主题中的重要组成部分，文化发展战略就是要在文化领域不断缩小城乡区域发展差距和居民文化生活的差距，逐步实现基本公共文化服务均等，最终在经济共同富裕的基础上，让全体人民拥有丰富多彩的精神文化生活，共同享有各种文化权利和文化资源。

第四，不断推进文化体制改革是实现文化发展战略的基本思路。改革是国家发展战略的主题，只有通过不断地对体制机制进行有效改革，才能更好地让制度服务于经济基础，才能不断地释放出活力和优势。进入新时代，我国文化赖以生存和发展的社会条件和体制环境等都发生了深刻的变化，原有的文化体制与人民群众对精神文化生活的新期待不相适应，与高新技术在文化领域广泛运用的新潮流不相适应，与社会主义民主法治的日益健全和有序扩大公民政治参与的新要求不相适应，与社会结构的深刻变化和社会矛盾的多发凸显的新环境不相适应。所以，深入推进文化体制改革，推动文化建设与经济建设、社会建设、政治建设、生态文明建设等协调发展，已经成为实现中华民族伟大复兴的必然要求。

第五，不断加大文化开放和文化交流是文化发展战略的重要途径。改革与开放比翼齐飞，已经成为我国的基本国策，成为我党的战略思维。推动中华文化“走出去”是文化发展战略的重要途径，在树立良好国家形象、扩大中华文化国际影响力、营造我国和平发展的国际环境、发展文化

① 习近平. 决胜全面建成小康社会 夺取新时代中国特色社会主义伟大胜利——在中国共产党第十九次全国代表大会上的报告［M］. 北京：人民出版社，2017.

产业等方面发挥着重要的作用。中国的大门对世界始终是敞开的，中国需要世界，世界也需要中国，中国希望与世界各国人民一起构建人类命运共同体，共享一切人类先进的文化成果，既主动参与国际文化分工和国际文化利益格局重建，也向世界展示中国改革开放的辉煌成就、灿烂多姿的民族风情和昂扬向上的国家文化形象，为世界提供先进的文化产品、服务以及文化发展经验。

第六，文化发展战略要发挥市场和政府两个方面的重要作用。文化发展战略中一个很重要的主题就是厘清市场和政府之间的关系。在我国，全面深化改革的重点是经济体制改革，而文化体制改革深刻地受到经济体制改革的影响。党的十八届三中全会首次提出“使市场在资源配置中起决定性作用和更好发挥政府作用”，文化体制改革也相应地要求建立完善现代文化市场体系和现代文化产业体系，加快发展文化产业，促进产业结构优化升级，提高规模化集约化专业化水平，促进文化产品和要素在全国乃至世界范围内合理流动，促进文化资源与文化产业有机融合，扩大和引导文化消费，提高文化产业发展质量和效益，等等。与此同时，政府要坚持主导，加快构建普惠性、保基本、均等化、可持续的现代公共文化服务体系。

除了重点坚持的原则，文化发展战略还应包括实践的方法论，它体现在思想方法、领导方法、工作方法等方面。这些在改革和发展的实践过程中形成的方法，或由上而下，或由下而上，因地制宜，因时施策，成为国家文化发展战略落地生根的有效工具。主要包括以下方面。

第一，理论引领实践，实践创新理论。坚持理论指导和实践探索、理论创新和实践创新有机统一是党的根本方法，文化的建设实践离不开文化理论的指导，而文化理论也随着具体文化实践的变化发展而不断完善和创新，两者相互促进，相得益彰。

第二，集中力量办大事。集中力量办大事，是中国特色社会主义制度的巨大优势。中国人口众多，资源相对短缺，生产力水平还不够高，加之国家发展任务重，各种事情千头万绪，所以举国体制能够集中优势资源攻坚克难。例如，中西部地区就不可能只是单纯依靠市场来配置文化资源，而是要实行政策倾斜，大力加快其公共文化服务体系的建设。

第三，摸着石头过河。在建设中国特色社会主义的伟大实践过程中，很多做法都是伟大的创举，前无古人，没有可以照搬的经验。摸着石头过河就是要审时度势，采取渐进式的办法，试点先行，探索前进，由点及面，逐步推开。在文化领域的建设过程中，同样要在摸索中寻求改革创新，先分试点、分领域进行，进而在全国范围内有效开展。

第四，基层首创与顶层设计结合。这种自下而上与自上而下的互动，推动了改革的重大突破，也创造了很多好的经验。改革走到今天，已经进入深水区，文化改革同样面临着诸多难啃的硬骨头，需要打持久战和攻坚战，这就更加需要把基层的创造变为顶层的政策，用顶层的设计指导基层的实践。

第五，实施差别化政策。中国有着特殊的国情，幅员辽阔，城乡之间、区域之间资源禀赋条件和经济发展水平等存在较大的差异。在文化发展过程中，阶段性地采取非均衡的措施，有针对性地实施差别化的文化政策，不失为一种正确的方法。

第六，发挥中央和地方两个积极性。中央和地方的关系举足轻重。发挥好两个积极性，是处理中央和地方关系的根本原则，也成为国家发展战略的重要支撑。在文化领域，宏观调控权必须集中在中央，以维护中央权威和集中统一领导，确保全国政令畅通；与此对应，中央在制定文化发展战略和宏观政策时，要充分考虑地方的特点和利益，赋予地方必要的权力。同时，按照有利于建立公平统一的文化市场、有利于推进基本公共文化服务均等化的原则，加快形成中央和地方财力与事权相匹配的财税体制。

总之，文化发展战略体现出国家在文化治理过程中的总体设计与安排，是党中央的总体部署以及由此而制定的关于文化发展的重大规划。党的十八大以来，习近平总书记以全新的视野深化了对共产党执政规律、社会主义建设规律、人类社会发展规律的认识，创立了新时代中国特色社会主义思想。文化建设被纳入“五位一体”的建设之中，统筹推进，成为中国社会主义建设总体布局的重要组成部分。文化发展战略是一国文化意志的集中体现。国家文化意志是一国文化利益、国民文化利益的深刻反映，是推动国家文化繁荣发展的重要力量。国家文化意志的形成与国家、民族的文化传统、价值观念、制度设计紧密相关。国家文化发展战略的制定应立足眼前、谋划长远，体现未来一个时期内文化的发展愿景和总体布局，有目标，有方法，有路线图，有时间表，有责任人。国家文化发展战略的制定和实施就是要把国家文化意志和人民的文化意志、国家文化利益和人民文化利益有机统一起来，以维护人民群众文化利益、满足人民群众精神文化需求、增进人民群众文化福祉为目的，使之成为代表全民文化利益诉求的权威性、合法性的施政纲领，成为全国各族人民共同的行动纲领。

第一章

文化心理是战略基础：提升中华民族的文化自信

文化是一个国家、一个民族的灵魂。文化兴国运兴，文化强民族强。没有高度的文化自信，没有文化的繁荣兴盛，就没有中华民族伟大复兴。

——习近平

文化自信是文化发展战略的心理基础，它是指国家、民族、政党对自身文化价值的充分肯定以及在此基础上建立起来的对自身文化发展的坚定信心。坚定文化自信，是事关国运兴衰、事关文化安全、事关民族精神独立性的大问题。习近平总书记强调，文化自信是更基础、更广泛、更深厚的自信，是一个国家、一个民族发展中更基本、更深沉、更持久的力量。中华民族的文化自信能够为国家文化发展战略提供强大的精神动力和心理支撑。在党的十九大报告中，习近平总书记进一步强调，“文化是一个国家、一个民族的灵魂。文化兴国运兴，文化强民族强。没有高度的文化自信，没有文化的繁荣兴盛，就没有中华民族伟大复兴”[①]。正是有了强大的信念，才能够形成全民族的共识和凝聚力，才能将中国特色社会主义和实现中华民族伟大复兴变为具体行动。一个国家、一个民族只有对自身文化理想、文化价值充满信心，对自身文化生命力、创造力充满信心，才能有坚持坚守的定力、奋起奋发的勇气、创新创造的活力。对于国家各类建设而言，文化建设具有特殊的地位和价值，因为它关乎人心，塑造人们的理想、情怀和信仰，也直接影响人们对国家、民族、政党、制度等各个方面的认知与理解。党的十九大将中国特色社会主义文化同中国特色社会主义道路、理论、制度等一道，作为中国特色社会主义的重要组成部分，强调要增强“四个自信”，这反映了我们党对文化地位和作用认识的极大深化，充分体现了我们党高度的文化自觉和文化担当。对自己的道路、制度、理论、文化保持高度的自信，是开展各项工作的前提，也是战略能够顺利贯

① 习近平．决胜全面建成小康社会 夺取新时代中国特色社会主义伟大胜利——在中国共产党第十九次全国代表大会上的报告［M］．北京：人民出版社，2017.

彻落实的重要基础。战略既是一种理论上的设计安排，也是一种心理引导和观念塑造。因为战略需要人民群众认可认同，对其保持充分的感情，这样才能够转化为最广泛的实践行动，才能够保证社会主义各项事业的顺利开展。

第一节　文化自信的理论内涵和当代表现

中华民族的伟大复兴既需要强大的物质力量，也需要强大的精神力量。没有先进文化的积极引领，没有民族精神力量的不断增强，一个国家、一个民族不可能屹立于世界民族之林。中国特色社会主义进入新时代，迎来了文化大繁荣大发展的重要时期，文化发展战略需要开宗明义地将文化自信作为篇首明确提出来，以此作为整个中华民族自立、自强的心理基础和实践前提。中国特色文化自信理论经历了一个不断明晰、逐渐成型以及不断完善的发展过程。党的十八大以来，习近平总书记多次将文化自信与坚持和发展中国特色社会主义联系起来加以论述。2013 年 8 月 19 日，在全国宣传思想工作会议上，习近平总书记指出，中华民族创造了源远流长的中华文化，中华民族也一定能够创造出中华文化新的辉煌，独特的文化传统、独特的历史命运、独特的基本国情注定了我们必然要走适合自己特点的发展道路。

2014 年 2 月 24 日，习近平总书记在主持中央政治局第十三次集体学习时指出："培育和弘扬社会主义核心价值观必须立足中华优秀传统文化。牢固的核心价值观，都有其固有的根本。抛弃传统、丢掉根本，就等于割断了自己的精神命脉。博大精深的中华优秀传统文化是我们在世界文化激荡中站稳脚跟的根基。中华文化源远流长，积淀着中华民族最深层的精神追求，代表着中华民族独特的精神标识，为中华民族生生不息、发展壮大提供了丰厚滋养。中华传统美德是中华文化精髓，蕴含着丰富的思想道德资源。不忘本来才能开辟未来，善于继承才能更好创新。对历史文化特别是先人传承下来的价值理念和道德规范，要坚持古为今用、推陈出新，有鉴别地加以对待，有扬弃地予以继承，努力用中华民族创造的一切精神财富来以文化人、以文育人。”习近平总书记特别强调：“要讲清楚中华优秀传统文化的历史渊源、发展脉络、基本走向，讲清楚中华文化的独特创造、价值理念、鲜明特色，增强文化自信和价值观自信。”①

2014 年 3 月 7 日，在参加十二届全国人大二次会议贵州代表团审议时，习近平总书记指出，体现一个国家综合实力最核心的、最高层的，还是文化软实力，这事关一个民族精气神的凝聚。我们要坚持道路自信、理论自信、制度自信，最根本的还有一个文化自信。中华民族历来对自己的文化有着强烈的认同感和自豪感，只是到了近代沦为殖民地半殖民地时，文化自信、国民自信受到极大损伤。中国人民在长期的革命斗争中，选择了中国共产党，选择了社会主义制度，走上了改革开放的正确道路，开创了建设中国特色社会主义事业新局面，正在为实现中华民族伟大复兴的中国梦而努力奋斗。只要把我们的优秀文化传承好，核心价值观建设好，就一定能把我们的国家建设成为社会主义强国②。

2014 年 10 月 15 日，习近平总书记在文艺工作座谈会上的讲话中指

① 习近平在中共中央政治局第十三次集体学习时强调把培育和弘扬社会主义核心价值观作为凝魂聚气强基固本的基础工程［N］. 人民日报，2014-02-26（01）.

② 万群，赵国梁. 习近平总书记参加贵州代表团审议侧记［N］. 贵州日报，2014-03-10.

出，“中华优秀传统文化是中华民族的精神命脉，是涵养社会主义核心价值观的重要源泉，也是我们在世界文化激荡中站稳脚跟的坚实根基。增强文化自觉和文化自信，是坚定道路自信、理论自信、制度自信的题中应有之义”①。习近平总书记还特别强调，如果“以洋为尊”“以洋为美”“唯洋是从”，把作品在国外获奖作为最高追求，跟在别人后面亦步亦趋、东施效颦，热衷于“去思想化”“去价值化”“去历史化”“去中国化”“去主流化”那一套，绝对是没有前途的。因此，习近平总书记要求，必须“从建设社会主义文化强国的高度，增强文化自觉和文化自信”②。

2014 年 12 月 20 日，习近平总书记在和澳门大学学生座谈时指出，要建立制度自信、理论自信、道路自信还有文化自信，其中文化自信是基础。2015 年 11 月 3 日，习近平总书记在会见第二届“读懂中国”国际会议外方代表时强调：我们从哪里来？我们走向何方？中国到了今天，我无时无刻不提醒自己，要有这样一种历史感。伫立在天安门广场的人民英雄纪念碑有一组浮雕，表现的是 1840 年鸦片战争到 1949 年中国革命胜利的全景图。我们一方面缅怀先烈，一方面沿着先烈的足迹向前走。我们提出了中国梦，它的最大公约数就是中华民族伟大复兴。……中国有坚定的道路自信、理论自信、制度自信，其本质是建立在 5000 多年文明传承基础上的文化自信③。

2016 年 5 月 17 日，习近平总书记主持召开哲学社会科学工作座谈会

---

① 习近平．在文艺工作座谈会上的讲话（2014 年 10 月 15 日）［M］//习近平总书记在文艺工作座谈会上的重要讲话学习读本．北京：学习出版社，2015：28.

② 习近平．在文艺工作座谈会上的讲话（2014 年 10 月 15 日）［M］//习近平总书记在文艺工作座谈会上的重要讲话学习读本．北京：学习出版社，2015：31.

③ 陈振凯，雷龚鸣，何美桦．习近平谈文化自信［N］．人民日报（海外版），2016-07-13.

并发表重要讲话。他在讲话中强调："我们说要坚定中国特色社会主义道路自信、理论自信、制度自信，说到底是要坚定文化自信。文化自信是更基本、更深沉、更持久的力量。历史和现实都表明，一个抛弃了或者背叛了自己历史文化的民族，不仅不可能发展起来，而且很可能上演一场历史悲剧。"①

2016年6月28日，在主持中央政治局第三十三次集体学习时，习近平总书记第一次将文化自信与道路自信、理论自信、制度自信并列，明确指出要固本培元，把加强思想政治建设摆在首位，引导党员特别是领导干部筑牢信仰之基、补足精神之钙、把稳思想之舵，坚定中国特色社会主义道路自信、理论自信、制度自信、文化自信，增强党的意识、党员意识、宗旨意识，坚守真理、坚守正道、坚守原则、坚守规矩，做到以信念、人格、实干立身。

2016年7月1日，在庆祝中国共产党成立95周年大会上，习近平总书记正式提出了四个自信："坚持不忘初心、继续前进，就要坚持中国特色社会主义道路自信、理论自信、制度自信、文化自信，坚持党的基本路线不动摇，不断把中国特色社会主义伟大事业推向前进。……当今世界，要说哪个政党、哪个国家、哪个民族能够自信的话，那中国共产党、中华人民共和国、中华民族是最有理由自信的。"②

2016年11月30日，在中国文联十大、中国作协九大开幕式上的重要讲话中，习近平总书记明确指出，"实现中华民族伟大复兴，必须坚定中

① 习近平．在哲学社会科学工作座谈会上的讲话［M］．北京：人民出版社，2016：17.

② 习近平．在庆祝中国共产党成立95周年大会上的讲话［N］．人民日报，2016-07-02（02）.

国特色社会主义道路自信、理论自信、制度自信、文化自信。创作出具有鲜明民族特点和个性的优秀作品，要对博大精深的中华文化有深刻的理解，更要有高度的文化自信。广大文艺工作者要善于从中华文化宝库中萃取精华、汲取能量，保持对自身文化理想、文化价值的高度信心，保持对自身文化生命力、创造力的高度信心，使自己的作品成为激励中国人民和中华民族不断前行的精神力量”①。“文化是一个国家、一个民族的灵魂。历史和现实都表明，一个抛弃了或者背叛了自己历史文化的民族，不仅不可能发展起来，而且很可能上演一幕幕历史悲剧。文化自信，是更基础、更广泛、更深厚的自信，是更基本、更深沉、更持久的力量。坚定文化自信，是事关国运兴衰、事关文化安全、事关民族精神独立性的大问题。没有文化自信，不可能写出有骨气、有个性、有神采的作品。”②

习近平总书记为我们清晰地勾勒出了文化自信的理论轮廓及其重要地位，通过他的论述可以看出，文化自信就是对中华民族的文化理想、文化价值的高度信心，就是对中国人民文化生命力、文化创造力的高度信心，就是对中国厚重的人文历史和中国特色社会主义的高度信心。文化自信的本质是人们对自身精神世界的肯定性评价与执着的坚守。文化自信体现在经济发展、政治建设、社会变革、文化创造等各个方面。可以说，文化自信是思想的力量和精神的动力，只有文化自信，文化才能够自强。一个国家和民族的觉醒，首先是文化上的觉醒。一个国家和民族的崛起，必然伴

① 习近平．在中国文联十大、中国作协九大开幕式上的讲话（2016 年 11 月 30 日）［M］．北京：人民出版社，2016：6.

② 习近平．在中国文联十大、中国作协九大开幕式上的讲话（2016 年 11 月 30 日）［M］．北京：人民出版社，2016：6.

随着文化上的兴盛与复兴。文化自信的培育和塑造过程就是提升全民族文化创造力、价值感召力、社会凝聚力、外交竞争力、国际吸引力等的过程。坚定文化自信，关键是不忘本来、吸收外来、着眼将来，既包括对5000多年文明发展中孕育的中华优秀传统文化的自信，也包括对党和人民在革命、建设、改革伟大斗争中孕育的革命文化和社会主义先进文化的自信，更重要的是对于动员全民族力量不断丰富发展中华优秀传统文化、革命文化和社会主义先进文化，创造中华文化新辉煌，实现中华民族伟大复兴中国梦的自信。

文化自信不是空洞的说教和僵化的要求，更不是强制的命令和行动，而是发自内心的自豪感和信服感。文化自信的理论内涵是与它的重要意义紧密联系在一起的。文化自信的实质是对中国特色社会主义的自信，从而不断坚守自己的优秀文化，并通过交流和交融，吸收借鉴外来优秀文化。从发展历程而言，文化自信是中国共产党成立100年来团结带领全国各族人民进行不懈奋斗的实践历程和历史经验的战略抉择，是立足当下并面向未来，对新时代中国特色社会主义内涵的总体性、主体性和普遍性的科学诠释与深刻把握，标志着中国特色社会主义达到了一种更高的整体自信水平。

文化自信既是从心理的角度来阐释作为我国总体布局的“五位一体”和作为战略布局的“四个全面”的意义和价值，也是对作为中国人民奋斗目标的全面建成小康社会以及实现中华民族伟大复兴中国梦的生动表述。新时代中国特色社会主义是科学的理论、制度和道路，既是经得起实践检验的社会发展真理，也是中华民族在失败和挫折之中不断摸索探寻出来的正确选择。文化自信就是对中国风格、中国气派、中国精神的自信，就是对国家根本政治制度和基本政治制度、基本经济制度、法律体系以及各项具体制度的自信，就是对中国共产党带领中华民族实现中国梦的自信，就是对党在实践过程中与时俱进、自我完善能力的自信。

文化自信是“中国人”作为国家的主人对“自己的社会主义发展”的信念和信心，这个自信的主体是“中国人”。中国特色社会主义自信就是全体中国人对于自己国家的政党自信、国家自信、民族自信的有机统一。对于中国而言，没有中华优秀传统文化，没有中国共产党在革命、建设、改革时期创造的革命文化和社会主义先进文化，就没有中国特色社会主义道路的开辟、理论体系的形成和制度的确立。同时，我们的文化是以马克思主义为指导、以共产主义为指向、以社会主义核心价值观为灵魂的文化，道路自信、理论自信、制度自信的内核就是文化自信在实践、理论和制度层面的价值表达和具体呈现。

可以从国际和国内两个方面来考察中国特色文化自信的当代表现。从国际来看，在世界现代化的潮流中，文明互鉴、文化融合，在丰富文化的多样性中开展文化建设，本已成为共识，但近年来反全球化之风甚嚣尘上，孤立主义、单边主义、保护主义等沉渣泛起，加之美国全球政策的不断退步，以及英国脱欧等地缘性事件的冲击，使整个世界充满变数，各类突发性风险激增。反观中国，正经历着广泛而深刻的经济社会变革，40 多年改革开放取得的巨大成就，中国特色社会主义进入新时代的伟大飞跃，现代化建设两个阶段的战略安排，使我国发展站在了新的历史起点上。中国理性睿智的行事风格和大国气派不仅使中国经受住了全球化的挑战，也使中国有效应对了逆全球化的问题。伴随全球治理体系的重构，中国越来越接近世界的中心，文化的优势与影响力进一步彰显，也越来越得到国际社会的普遍认可。当然，也要看到，当前以美国为首的一些西方国家政治碎片化和意识形态反主流化现象明显。当年特朗普当选美国总统，正是这种思潮的反映。特朗普政府奉行“美国优先”的理念，实行对外政策上的单边主义、国际贸易中的保护主义、社会领域里的保守排外主义，对第二次世界大战以来形成的国际治理体系、经济全球化进程等造成了巨大冲击，同时也使美国国内和国际社会对其传统政治信念和制度信心发生了微妙的变化。美国的霸权主义和强权心态为越来越多的国家所反感。与此同时，美国也越来越将中国视为“战略竞争对手”“首要安全威胁”，为此中国更加需要突出强调自身制度价值和文化价值，以凝心聚力，在国家利益的博弈中寻求新的发展空间。新时代中国特色社会主义强化文化的价值引领，始终坚持以文化自觉为基础的文化自信，强调文化自省前提下对世界文明成果的兼容并蓄，在处理好“本来”与“外来”文化的条件下，构建面向“未来”的文化创新发展体系，全面提升国家的文化软实力，从“各美其美”到“美美与共”，促进世界文化的大发展、大繁荣。

从国内来看，文化自信是凝聚人心的精神纽带，是推动经济社会发展的重要手段，是社会文明进步的重要目标。一个文明进步的社会必然是物质财富和精神财富共同增长的社会，一个现代化的强国必定是经济、政治、文化、社会、生态文明协同发展的国家。进入新时代，我国的经济社会发展发生了巨大的变化，社会生产力、综合国力、人民生活水平都迈上了新的台阶。自信是对承前启后、继往开来，在新的历史条件下继续夺取中国特色社会主义伟大胜利的信心，是对决胜全面建成小康社会进而全面建设社会主义现代化强国的信心，是对全国各族人民团结奋斗、不断创造美好生活、逐步实现全体人民共同富裕的信心，是对我国日益走近世界舞台中央、不断为人类作出更大贡献的信心。

思想是引领行动的旗帜，是照亮航程的灯塔。习近平新时代中国特色社会主义思想科学地回答了新时代中国如何发展、如何走向富强的问题，其体系浩大严密，在总目标、总任务、总体布局、战略布局和发展理念、发展主线和发展重点等各方面都作出了全面、清晰、明确的规定，既是一套完备的理论和制度，也是一套具体的实践要求和宣言。它使中华民族找到了正确的前进方向，是对马克思列宁主义、毛泽东思想、邓小平理论、“三个代表”重要思想、科学发展观的继承和发展，是党和人民实践经验和集体智慧的结晶，是全党全国各族人民为实现中华民族伟大复兴而奋斗的行动指南。由此可见，文化自信是广大人民群众基于对社会发展的正确理解，基于对科学制度体系的自觉接受，基于对党和政府的深厚情感而产生的强大信念。对中国特色社会主义的自信包括自觉和自强两个方面。自觉代表着自发的由内而外的觉悟和理解，它是自信的基础和前提，只有自觉到它的价值和优越性，才可能充满自信；自强是自信的结果，只有自信才可能不断地做到内心强大，使之变成行动的力量。自信是一个发展的过程，它有机地统一于中国特色社会主义的伟大实践之中，成为中华民族心理成长和精神进步的重要因素。

第二节　文化自信的充分理由和充足底气

对自己文化的自信程度，决定了一个国家、一个民族、一个政党在风云激荡、思想交锋的当今世界中的文化定力和文化耐力。文化是一个国家、一个民族的灵魂，它在时代实践中生成，在时代流变中积淀，在时代奋斗中锻造，在时代趋势中引领。从文化自觉到文化自信，进而从文化自信到文化自强，这种变化来自当代中国特色社会主义文化的力量推动。习近平总书记指出，讲文化自信，我们有充分理由和充足底气。中国特色社会主义文化，源自中华民族5000多年文明历史所孕育的中华优秀传统文化，熔铸于党领导人民在革命、建设、改革中创造的革命文化和社会主义先进文化，根植于中国特色社会主义伟大实践。博大精深、灿烂辉煌的中华优秀传统文化积淀着中华民族最深层的精神追求，包含着中华民族最根本的精神基因，代表着中华民族独特的精神标识，不仅为中华民族发展壮大提供了丰厚滋养，也为人类文明进步作出了卓越贡献。这是我们坚定文化自信的深厚基础①。

中华文明是世界上一直保持香火延续的文明。中华民族创造了辉煌的文明历史，建构了高度的农业文明，为人类的文明进步作出了巨大贡献。中华文明一度引领东方文明的发展，不同国家和地区都深受中华文明的影响，在自己的国度书写着中华文化影响下各自的绚丽历史篇章，并与中华民族一道造就了辉煌的东方文明，使其成为人类文明史上一颗璀璨的明珠。遗憾的是，近代以降，东方式微而西方日盛。“西方上行，东方下行”是那个时代的印记。以蒸汽机为主要标志的工业革命给西方带来的不仅是先进的生产工具和技术创新，而且直接引发了整个现代化进程。自那时起，一系列的现代性价值和理念开始推广普及，西方国家通过殖民扩张将这种现代性价值输入到东方世界，从而把整个世界纳入现代化和全球化的

① 中共中央宣传部．习近平新时代中国特色社会主义思想三十讲［M］．北京：学习出版社，2018：195.

进程之中。西方列强的坚船利炮击碎了天朝上国的迷梦，并将西方文化强制性地带到中华大地上，中国被推入由西方主导的现代化发展旋涡中。自1840年鸦片战争起的100多年间，西方列强先后多次发动了对华的重大侵略战争，把中国推入了半殖民地半封建社会之中，帝国主义、封建主义和官僚资本主义三座大山，使近代中国陷入了落后挨打的被动局面。1840—1842年，英国发动了第一次鸦片战争，迫使中国签订不平等的《南京条约》，割让香港并赔偿大量白银。1856—1860年，英法联军又发动第二次鸦片战争，火烧圆明园并强迫清政府签订《北京条约》。1894年，日本帝国主义把侵略矛头指向中国，挑起中日甲午战争并逼迫中国签订《马关条约》。1900年，英、法、德、俄、美、日、意、奥等帝国主义列强组成八国联军，先后侵占天津、北京，烧杀抢掠，无恶不作，中国政府被迫签订《辛丑条约》，割地赔款。1931—1945年，日本帝国主义再次发动侵华战争，这场战争使中国军民伤亡达3 000万人以上，财产损失100亿美元以上。西方列强的殖民侵略，大大加剧了中国陷入半殖民地半封建社会危机的严重程度，大大加剧了中华民族的遭受屈辱和贫穷的程度，大大加剧了中国近代发展的滞后程度。

在抗击列强侵略的过程中，中华儿女经历了痛苦与磨难、挣扎与探索，一直努力寻求救亡图存的道路。近代提出“中体西用”等思想，试图在保持固有的文化及与之相应的社会制度的基础上走强国之路，但这是在面对西方列强入侵的外在压力下的应激性反应，是权宜之计和局部调整。如果说现代化是引领近现代世界历史进程的主要潮流，而且是造成世界上许多国家和地区原有政治经济与社会文化发生变革的动因，那么中国的现代化进程则更是从近代中国社会全面深刻的危机中开始启动的。拥有几千年历史的泱泱大国，在西方列强坚船利炮的强势威逼下迅速沦为弱势国家，对此，一批最早“睁眼看世界”的人认为他们发现了其中的秘密——背后支撑坚船利炮的是工业文明。因此，中国不仅引入了洋枪洋炮，还开始兴办企业，以便跟上器物文明的步伐，但洋务运动屡屡受挫，实业救国的梦想终归难以实现。对此人们进一步认为，其中的秘密即背后支撑工业文明的是现代国家制度。西方发达国家以及沙皇俄国、日本等都通过革命或维新变革实现了国家转型，于是国人也有了维新变法的尝试。但是，变法因为损害了守旧派的利益而遭其强烈抵制与反对，仅历时 103 天。辛亥革命推翻了封建帝制，建立了共和政体，但革命成果终被复辟势力窃取，对此一批有识之士试图再次破解其中的秘密，即背后支撑国家制度的还有更深层次的文化价值观念系统，于是有了新文化运动。陈独秀称这种来之不易的文化觉悟为“吾人最后之觉悟”，他提出，“自西洋文明输入吾国，最初促吾人之觉悟者为学术，相形见绌，举国所知矣；其次为政治，年来政象所证明，已有不克守缺抱残之势。继今以往，国人所怀疑莫决者，当为伦理问题。此而不能觉悟，则前之所谓觉悟者，非彻底之觉悟，盖犹在惝恍迷离之境。吾敢断言曰：伦理的觉悟，为吾人最后觉悟之最后觉悟”①。

在新文化运动中，西方的现代化思想大举涌入，其中也包括马克思主义思想。马克思主义思想的传入，受到了先进知识分子的拥护与欢迎。十月革命的炮声惊醒了梦魇中的中华民族，为在黑暗中摸索的中华民族带来了光亮和前景。这一时期，知识界就中国何去何从进行了激烈的辩论，中

① 陈独秀著作选：第一卷［M］．上海：上海人民出版社，1993：179.

国共产党也在这一历史性的大辩论中诞生了。自此，中国共产党在马克思主义思想的指引下，开展了符合中国国情的革命和建设实践。中国共产党的革命性实践，并不是教条式地照搬马克思主义思想的文本，也不是不加选择地接受苏联做法，而是在中国的客观实际与文化传统的基础上，以马克思主义思想对我国传统文化进行改造。因此，中国共产党领导下的文化自觉不仅表现在从认知层面对我国传统文化进行反思，更表现在从实践层面对我国传统文化进行实质性的重构。这也证明，现代中国特有的、优秀的革命和建设文化是在中国共产党的领导下，由中华各族儿女在长期开展艰苦革命斗争和社会主义建设的实践中形成的。

进入新时代，习近平总书记提出了建设“丝绸之路经济带”和“21世纪海上丝绸之路”的倡议。“一带一路”倡议是在改革开放的基础上，进一步融入世界的国家战略，该倡议的提出体现出更高程度的自信和更高水平的实践。改革开放使西方现代性要素“进得来”。西方现代性要素的引进，促进了我国进行深层次的现代化转型，但这一实践是指在遵循西方制定的现代性规则的基础上参与全球化的进程，是在西方的框架制度下展开的。“一带一路”倡议的提出，则是从“进得来”变为“出得去”，从更高的层面参与全球化和现代化进程，在更高的层面同国际社会进行更深层次的接触与交流。这种国际交流实践，为我国与国际社会的接触提供了更高的平台，也在此过程中展现着中国的实践自信。改革开放初期，我国更多通过遵循西方制定的规则参与到国际社会中来，通过经济建设来构建国际地位，通过国际地位的提升来建立文化自信。“一带一路”倡议的提出，打破了西方对国际规则的话语垄断，中国由过去遵循西方的规则变为参与乃至主导国际规则的制定，从而实现了从参与者到领导者的质的飞跃。也就是说，提出“一带一路”倡议，是要在更高层面上来验证我们的道路自信、制度自信、理论自信。作为联合国安理会常任理事国和世界第二大经济体，中国在世界舞台中心扮演着越来越重要的角色，这一切为我国的文化自信实践提供了现实依据和条件，也对文化自信实践提出了历史与时代要求。当然，在全球化加速的背景下，现代性因素侵入越来越深入，我国的传统文化在此过程中也面临失去“自我”的风险。同时，我们许多人还没有完全摆脱文化自卑的民族心理，还习惯于用西方的标准来衡量自我，致使我国的国力与文化心态不相符合。国内一些“公知”长期扮演着西方“学徒”的角色，我们的社会科学界在国际社会也时常处于“失声”的状态。在此背景下，习近平总书记在庆祝中国共产党成立 95 周年大会上提出，中国共产党人要“坚持不忘初心，继续前行”，就要坚持“四个自信”，即“中国特色社会主义道路自信、理论自信、制度自信、文化自信”，在道路自信、理论自信、制度自信的基础上，强调文化自信，从而将文化自信实践提升到新的高度，建构起我们自己的文化自信的话语体系与表达逻辑。

新时代发展中国特色社会主义文化，夯实文化自信的基石，要在尊重文化发展规律的基础上建构文化自信。任何一种文化都有长时间积淀的过程，尤其在精神、价值层面，更需要时间洗练。我们要在坚持中华优秀传统文化的基础上，吸取外来文化的精华内容与先进元素，不断提升自身文化的适应与发展能力，为文化自信注入新的内容。党的十八大以来，“一带一路”倡议的实施，打造人类命运共同体思想的推广，强调全球化时代的文明互鉴，使中华文化与不同文化之间的交流更加频繁和深入，文化自信的意义与价值得到了前所未有的凸显。

当前，我们有底气提出文化自信，不仅来自文化自觉基础上对优秀传统文化的传承、创新与发展，还来自当今中国特色社会主义的蓬勃生机，更来自实现中华民族伟大复兴中国梦的光明前景。国家兴旺必然带来文化兴盛，文化兴盛则为国家的进一步发展带来更基础、更广泛、更深厚的力量。伴随中国的和平崛起，中华文化正迎来一个繁荣发展的黄金期。在新的时代背景下，经济、制度与文化之间的关联日益紧密，观念、信仰、道德、价值观等文化价值体系要素可以直接或间接地影响经济社会各种行为，产生约束、控制、激励等各种效果，进而成为经济社会发展的重要力量。文化自信不仅为经济社会的建设与发展提供了根本的精神动力，而且还可以直接嵌入经济社会发展之中，成为推动经济社会发展与升级的动力与重要环节，成为提升现代化质量的重要力量。

中华民族素有文化自信的气度，有强大的文化生命力，创造了辉煌的文化成就，我们应该为此感到无比自豪和无比自信。习近平总书记指出："全党要坚定道路自信、理论自信、制度自信、文化自信。当今世界，要说哪个政党、哪个国家、哪个民族能够自信的话，那中国共产党、中华人民共和国、中华民族是最有理由自信的。有了'自信人生二百年，会当水击三千里'的勇气，我们就能毫无畏惧面对一切困难和挑战，就能坚定不移开辟新天地、创造新奇迹。"[①] 2012 年 11 月 15 日，习近平总书记在会见中外记者时强调，在漫长的历史进程中，中国人民依靠自己的勤劳、勇敢、智慧，开创了各民族和睦共处的美好家园，培育了历久弥新的优秀文化。坚定文化自信，是有充分根据和充足理由的，关键就在于我们深厚的

① 习近平．在庆祝中国共产党成立 95 周年大会上的讲话［M］．北京：人民出版社，2016：12-13.

文化根脉和独特的文化优势。“中华民族生生不息绵延发展、饱受挫折又不断浴火重生，都离不开中华文化的有力支撑。中华文化独一无二的理念、智慧、气度、神韵，增添了中国人民和中华民族内心深处的自信和自豪。在5000多年文明发展中孕育的中华优秀传统文化，在党和人民伟大斗争中孕育的革命文化和社会主义先进文化，积淀着中华民族最深沉的精神追求，代表着中华民族独特的精神标识。”① 中华优秀传统文化是革命文化和社会主义先进文化的根基和母体，革命文化和社会主义先进文化是对中华优秀传统文化的继承和发展，三者共同铸就了中华民族持久而强大的凝聚力和向心力，滋养着当代中国的发展进步，构成当今时代中国共产党和中国人民坚定文化自信的深厚基础，是应当很好坚守的精神高地。

正是因为拥有博大精深的优秀传统文化、昂扬向上的革命文化，我们才有文化自信的充分理由，才有文化自信的底气和骨气，正如习近平总书记指出的，“站立在960万平方公里的广袤土地上，吸吮着中华民族漫长奋斗积累的文化养分，拥有13亿中国人民聚合的磅礴之力，我们走自己的路，具有无比广阔的舞台，具有无比深厚的历史底蕴，具有无比强大的前进定力。中国人民应该有这个信心，每一个中国人都应该有这个信心”②。习近平总书记反复强调，“只有坚持从历史走向未来，从延续民族文化血脉中开拓前进，我们才能做好今天的事业”③。中华优秀传统文化体

① 习近平．在中国文联十大、中国作协九大开幕式上的讲话［M］．北京：人民出版社，2016：4-5.

② 习近平．在纪念毛泽东同志诞辰120周年座谈会上的讲话（2013年12月26日）［N］．人民日报，2013-12-27（02）.

③ 习近平在纪念孔子诞辰2565周年国际学术研讨会暨国际儒学联合会第五届会员大会开幕会上的讲话［N］．人民日报，2014-09-25（02）.

现着中华民族世世代代在生产生活中形成和传承的世界观、人生观、价值观、审美观等，其中最核心的内容已经成为中华民族最深处的文化基因。中华优秀传统文化是中华民族的精神血脉，是实现中华民族伟大复兴中国梦的坚实支撑，是中国特色社会主义植根的文化沃土，是我们党治国理政的历史镜鉴，是涵养社会主义核心价值观的重要源泉。实践充分证明，绵延 5000 多年的中华优秀传统文化已经成为我们党治国理政的重要思想文化基础和推进理论创新的重要思想文化来源。昂扬向上的革命文化是对中华优秀传统文化的超越性继承，是我们党在灾难深重的近代中国勇于担当的理想信念和精神追求，是中国革命取得胜利的精神支柱。在我们党领导人民进行新民主主义革命和社会主义建设的伟大斗争中，在艰苦的岁月里，形成了鲜明独特、昂扬向上的革命文化，诞生了一批批不朽的红色文化经典。从井冈山精神、苏区精神，长征精神、延安精神、沂蒙精神、西柏坡精神到雷锋精神、焦裕禄精神、大庆精神等，这些跨越时空的革命精神和奋斗精神，是中华优秀传统文化的再生再造和凝聚升华，是中华民族文化宝库的重要组成部分，它们不断放射出新的时代光芒，为我们在新的历史条件下推进文化建设奠定了坚实基础。

第三节　在发展中国特色社会主义文化中坚定文化自信

当前的世界正在进入新全球化时代，处在大发展大调整时期。世界多极化、经济全球化、社会信息化、文化多样化深入发展，全球治理体系和国际秩序变革加速推进。尽管和平与发展仍然是时代主题，大势不可逆转，但世界面临的不稳定性和不确定性也越发突出。一方面，中国成为世界第二大经济体之后，历史上“修昔底德陷阱”所引发的大国之间的种种博弈，必然会成为某些国家抵制中国发展的“历史口实”，中国的发展面临的外部形势不容乐观。另一方面，美国金融危机和欧洲债务危机持续加深，使得冷战后期以来以“华盛顿共识”为核心的西方新自由主义文化霸权体系受到冲击，过去由西方话语霸权统治着的全球文化秩序也因此发生了变动。事实上，伴随着全球经济秩序的重构，全球文明对话秩序也在发生转变，中国积极参与新的全球治理体系，中国力量、中国话语和中国价值的权重也日益提升，多数发展中国家期待中国发挥更大的作用，希望中国不仅为世界供给中国制造的产品，更为人类未来贡献一个不同于西方模式、具有优秀文化价值和值得称道的中国方案。在全球文明对话秩序的重建进程中，文化软实力的比拼极为重要，中国有能力针对人类困境提出有效应对的文化价值，从而影响、引领全球走向希望的未来。不过在当下，西方舆论正在以显微镜的方式来观察中国，对中国发展中的一些问题的看法也会产生放大效应。面对“捧杀”“棒杀”，我们要始终保持自身的战略定力，坚定自身的发展道路，坚守自身的文化自信，持续发展好面向现代化、面向世界、面向未来的，民族的、科学的、大众的社会主义文化。

随着新全球化时代的到来，世界整体格局正在发生深刻调整，这意味着全球文明秩序的重建，中国的文化担当责任更重更大，毕竟，我们有着5000多年悠久的文明史，原本在历史上就是文明古国、文化大国和文化强国。当然，中国在新全球化时代的崛起是一个较长的过程，要想在全球格局中令文化软实力与自身的经济实力相匹配，成为公认的文化强国绝非易事，所以一定要拥有战略耐心。从世界文明的进程来看，大国崛起不仅要靠经济总量、科技实力、军事实力等硬实力的提高，而且要靠发挥价值观念、思想文化等软实力的作用，特别是在现代社会，谁拥有了强大的文化软实力，谁就可以在激烈的国际竞争中赢得主动。因此，建立社会主义文化强国，我们一定要拥有战略耐心，要树立长期学习竞争对手的谦虚心态，毕竟，只有在跨文化、跨文明的视野之中，我们才可以真正地看清自身发展的问题，才能够真正地创造引领中国特色社会主义事业前进的先进文化知识。当前国家所强调的文化自信，主要体现为不忘初心、坚定信心、强化定力，而不是故步自封、孤芳自赏。这就需要以全球视野、开放的态度来对待外来文化以及承受外来政治、经济、社会压力。外来压力越大，越要保持定力，审时度势，咬定目标不动摇。这种定力，来自执政党、政府和人民内心的强大，来自对自身选择发展道路的自信，归根到底来自对中国特色社会主义的文化自信，这种文化自信来自马克思主义中国化的新飞跃，来自对中华优秀传统文化创造性转化、创新性发展的能力，来自既主动接受外来先进文化又能保持自身特色的能力，更来自继承革命文化、发展社会主义先进文化的制度化力量。坚定社会主义文化自信，是我们实现现代化强国的建设目标与构建人类命运共同体的精神支撑和价值引领。

要能够真正树立正确的文化心态，保持较大的战略耐心，就必须主动应对新的世界文化多元化格局，宣示自己的主导权和话语权。当今时代，尽管中国在全球治理体系中的话语权加重，但在涉及意识形态的领域，社会上仍普遍存在着“西方唯上论”的固有认知，特别是在全球思想学术界的价值取向和评价体系的影响力等方面。伴随着中国改革开放的深入，特别是成为世界第二大经济体之后，中国日益走近世界舞台的中心，也日益成为国际舆论的焦点，“没有中国无以成世界”成为新的局面。但是也要承认，随着中国经济大踏步走向世界，中国的文化传播还未能与之形成有效呼应。与此同时，西方世界运用多种方式来“唱衰”或“捧杀”中国的做法并未有本质上的改变。西方敌对势力不甘心、不情愿看到中国日益强大，处心积虑地设置障碍、制造麻烦，关键的手段就是混淆视听、扰乱人心，挤压中国的国际舆论空间。国际舆论格局仍然是西强我弱，西方主要媒体左右着世界舆论，中国往往是有理说不出，或者说了传不开，当代中国价值的知晓率和认同度还不够高。因此，主动加强人文交流，强化受众效果的话语体系建构，就是为了更好地发展中国特色社会主义文化，而非屈服于文化霸权、文化殖民主义。党的十八大以来，习近平总书记对社会主义文化建设的系列论述，为思想文化界、哲学社会科学研究领域、对外文化传播、网络文化领域等的意识形态建设指明了方向，在文化建设上进一步巩固了马克思主义的指导地位。在党的十九大报告中，习近平总书记进一步强调，在文化建设中，要坚持社会主义核心价值体系，增强意识形态领域的主导权和话语权，发展社会主义先进文化，不忘本来、吸收外来、面向未来，更好构筑中国精神、中国价值、中国力量。持续增强意识形态领域的主导权和话语权，不仅是对内的思想战线的“伟大斗争”，而且是对外展现中国道路，以及中国方案如何对人类作出贡献的重大问题。

坚定中国特色社会主义的文化自信，提高国家文化软实力，不仅关系到中国在世界文化格局中的定位，而且关系到中国的国际地位和影响力。中国改革开放以来取得的主要成就之一，就是树立了当代中国的价值观念，引领了中国先进文化的前进方向。世界上越来越多的人开始对当代中国价值观感兴趣，越来越多的人开始客观看待当代中国价值观念。在这种新格局下，基于和平、共享、互助，以促进文明交流和经济社会共同进步为己任的“人类命运共同体”的理念，无疑是新全球化时代中国对外话语体系构建与传播中的新创造，对全球各国能够认知、理解和尊重中国在全面崛起后坚持和平发展道路起到了积极的促进作用。习近平总书记自2013年在莫斯科国际关系学院的演讲中明确提出“命运共同体”理念之后，不断丰富和发展人类命运共同体思想，从国与国的命运共同体到区域命运共同体，再到人类命运共同体，直至在党的十九大报告中提出系统的行动方案，这些都表明了要在平等相待、价值中立、相互尊重的文化观念之下展开政治、经济、社会、文化等交流，最终避免文明的冲突，“要尊重世界文明多样性，以文明交流超越文明隔阂、文明互鉴超越文明冲突、文明共存超越文明优越”，共同创造人类美好的未来。

自大航海时代的西方殖民主义扩张以来，几乎世界所有民族的文化都被或浅或深地拉入到以西方文明为主导的全球化体系。无论是非洲部落还是美洲的印第安部落，无论是南太平洋岛民还是草原上的游牧民族，无论是无文字的原始部落还是像中国这样有着数千年历史的文明古国，无一例外地都受到西方工业文明的深刻影响，一些国家还遭受了侵略和欺凌。历史告诉我们，随着殖民体系的衰落以及第二次世界大战后冷战秩序的解体，任何霸权主义的全球治理方式注定会最终失败。在全球文明秩序重建过程中，中国作为一个崛起中的大国，不断发挥着重要的积极影响力，传播着健康的价值理念，为越来越多的国家所认可。例如，推动“构建人类命运共同体”的理念和实施方案，实际上宣示了中国尊重文化多样和互鉴共存的价值观念，体现了中华文化的智慧禀赋、精神品格、道德精髓和天下情怀，也是中国共产党人文化自信的时代强音。“人类命运共同体”的理念和实施方案，是以中华文明“和”文化为核心价值的，改变了近代殖民主义文化霸权的内容，带来了全球治理的新理念、新方案，这就是各个国家和民族只要做到命运攸关、荣辱与共、共商共建共享共发展，世界就能建成一个和睦的大家庭，各国人民对美好生活的向往就会变成现实。

历史反复证明，任何想用强制手段来解决文明差异的做法都不会成功，反而会给世界文明带来灾难。“人类命运共同体”的理念和构建方案，为国际社会的和平发展指出了新的路向，为人类文明秩序的重建提供了可行办法，并且日益为整个世界所响应和接受。2017 年 2 月 10 日，联合国社会发展委员会第 55 届会议协商一致通过“非洲发展新伙伴关系的社会层面”决议，“构建人类命运共同体”的理念首次被写入联合国决议。2017 年 11 月，“构建人类命运共同体”的理念被再次载入两份联合国决议，这体现了国际社会对中国理念的广泛支持，也表明中国将为实现新时期全球安全治理贡献力量的决心和信心。当然，我们也清醒认识到，中国毕竟是发展中国家，参与全球治理体系改革和建设的能力还是有限的，推动“构建人类命运共同体”是一个长期的任务，其重在宣示和平发展的理念以及中华文化倡导的天下为公、同舟共济的准则，从价值理念层面来彰显文化自信。特别要注意的是，在全球对中国发展的赞美声中，我们在开展大国责任的行动时一定要防止落入“金德尔伯格陷阱”，即在提供国际公共产品上要量力而行，警惕某些国家为了自身利益而对中国进行“捧杀”，因此，既要积极作为，也要有所不为，保持定力，稳步前行。

此外，谈文化自信问题，还必须关注哲学社会科学，特别是清晰把握文化自信与哲学社会科学之间不可分割的内在联系。首先，哲学社会科学本身属于文化的范畴，是一个国家、一个民族文化的核心内容，是一个国家、一个民族综合国力特别是文化软实力的重要组成部分。哲学社会科学的发展水平和繁荣程度，折射着一个国家、一个民族文化发展的状况。坚定文化自信，当然包括坚定哲学社会科学自信。其次，哲学社会科学在一个国家、一个民族树立和提升文化自信的过程中承担着重要职责。文化自信是构建中国特色哲学社会科学的有力支撑和底气所在，哲学社会科学则为文化自信提供思想基础和理论引领。哲学社会科学是人们认识世界、改造世界的重要工具，是推动历史发展和社会进步的重要力量，其发展水平反映了一个民族的思维能力、精神品格、文明素质，体现了一个国家的综合国力和国际竞争力。一个国家的发展水平，既取决于自然科学发展水平，也取决于哲学社会科学发展水平。一个没有发达的自然科学的国家不可能走在世界前列，一个没有繁荣的哲学社会科学的国家也不可能走在世界前列。坚持和发展中国特色社会主义，需要不断在实践和理论上进行探索、用发展着的理论指导发展着的实践。在这个过程中，哲学社会科学占据着不可替代的重要地位，哲学社会科学工作者具有不可替代的重要作用。

习近平总书记强调，面对世界范围内各种思想文化交流交融交锋的新形势，如何加快建设社会主义文化强国、增强文化软实力、提高我国在国际上的话语权，迫切需要哲学社会科学更好发挥作用。哲学社会科学的特色、风格、气派，是国家和社会发展到一定阶段的产物，是成熟的标志，是实力的象征，也是自信的体现。要按照立足中国、借鉴国外，挖掘历史、把握当代，关怀人类、面向未来的思路，着力构建中国特色哲学社会科学，在指导思想、学科体系、学术体系、话语体系等方面充分体现中国特色、中国风格、中国气派①。

与20世纪相比，与21世纪已经过去的20多年相比，当前各国综合国力竞争更趋激烈，文化日益成为综合国力竞争的关键内容与重要场域。中华人民共和国成立以来，特别是改革开放以来，我国综合国力不断增强，文化软实力得到不断提升，但总体而言西强我弱的文化格局仍未根本改变，我国文化软实力和哲学社会科学水平与我国的综合国力和国际地位还很不相称，中国理论、中国话语在世界上的影响力还不够强。必须认识到，中国目前是一个文化大国，但还不是一个文化强国。

习近平总书记在哲学社会科学工作座谈会上的讲话中明确指出，当代中国的伟大社会变革，不是简单延续我国历史文化的母版，不是简单套用马克思主义经典作家设想的模板，不是其他国家社会主义实践的再版，也不是国外现代化发展的翻版，不可能找到现成的教科书。我国哲学社会科学应该以我们正在做的事情为中心，从我国改革发展的实践中挖掘新材料、发现新问题、提出新观点、构建新理论，加强对改革开放和社会主义现代化建设实践经验的系统总结，加强对发展社会主义市场经济、民主政治、先进文化、和谐社会、生态文明以及党的执政能力建设等领域的分析研究，加强对党中央治国理政新理念、新思想、新战略的研究阐释，从中提炼出有学理性的新理论，概括出有规律性的新实践，这才是构建中国特色哲学社会科学的着力点、着重点，一切刻舟求剑、照猫画虎、生搬硬套、依样画葫芦的做法都是无济于事的。坚定文化自信，必须围绕我国和世界发展面临的重大问题，着力提出能够体现中国立场、中国智慧、中国

① 习近平．在哲学社会科学工作座谈会上的讲话［M］．北京：人民出版社，2016：7，15.

价值的理念、主张、方案，努力创建中国学派、中国流派，既要用中国理论解决中国问题、解读中国实践，也要为解决人类面临的共同问题提供中国智慧、中国方案，把跨越时空、超越国度、富有永恒魅力、具有当代价值的文化精神弘扬开来，把既继承优秀传统文化又弘扬时代精神、既立足本国又面向世界的当代中国文化创新成果传播出去。

第二章

文化价值是战略核心：坚守社会主义核心价值观

核心价值观是一个民族赖以维系的精神纽带，是一个国家共同的思想道德基础。如果没有共同的核心价值观，一个民族、一个国家就会魂无定所、行无依归。

——习近平

价值观是社会应该长期普遍遵循的价值准则和维持社会发展进步的精神理念，它揭示出社会主体成员的根本利益和价值诉求，为社会的全面改革注入了思想上的动力。核心价值观是社会价值观的浓缩和凝练，它是国家、民族和社会的文化内核，是思想上的“最大公约数”。它在各个群体利益之间找到了平衡点，是传统价值观的现代化演变成果，更是凝心聚力的重要稳定器。如果没有共同的核心价值观，国家、民族、人民就会魂无定所、行无依归。在中国特色社会主义的伟大实践进程中，社会主义核心价值观起到了巨大的作用，它是国家文化发展战略的内在核心。党的十八大对社会主义价值体系予以全新的归纳和整理，提炼出社会主义核心价值观，即“倡导富强、民主、文明、和谐，倡导自由、平等、公正、法治，倡导爱国、敬业、诚信、友善，积极培育和践行社会主义核心价值观”。“三个倡导”比较全面地论述了社会主义核心价值观的基本内容，是中国共产党在理论建设方面的重要创新。在新的历史时期，要使全体民众尊重民主，倡导自由，大力建设法治社会，行业发展讲诚信，人人热爱祖国，奉献社会，爱岗敬业，党的宣传部门分别从国家、社会和个人的角度提出了不同的要求，并且将深奥的理论诠释为普通百姓看得懂、记得住、能遵守的价值信条，这彰显了浓厚的中国特色，也是这个时代中国精神的全面体现。习近平总书记指出：“每个时代都有每个时代的精神，每个时代都有每个时代的价值观念。”① 社会主义核心价值观体现了中国特色社会主义的本质要求，它是中国共产党人和中国人民在继承优秀传统文化，借鉴人

① 习近平．青年要自觉践行社会主义核心价值观——在北京大学师生座谈会上的讲话［M］．北京：人民出版社，2014：4.

类文明优秀成果，特别是在革命、建设、改革中逐步形成和发展起来的价值观念和价值追求，反映了社会主义制度的本质属性和价值取向。党的十九大报告进一步将社会主义核心价值观的内涵进行了深化，提出社会主义核心价值观是当代中国精神的集中体现，凝结着全体人民共同的价值追求，培育和践行社会主义核心价值观是全面建成小康社会，实现中华民族伟大复兴中国梦的重要战略任务，这既体现了习近平总书记对核心价值观在当今世界中特殊意义的深刻认识，也反映了习近平总书记对当下中国社会客观现实的科学判断。社会主义核心价值观构成了我国国家文化发展战略的重要组成部分，指引着全国各族人民在建设中国特色社会主义的道路上统一思想并为实现中华民族的伟大复兴共同奋斗。

第一节　社会主义核心价值观的理论地位和重要意义

文化的核心在于价值观，道德的理论基础也在于价值观。规划和确立中国文化发展战略，选择适合未来中国文化发展的文化政策，首先就在于实现文化价值观念的根本转变和新价值体系的重建。回顾历史，重建现代价值体系，始终是中国文化现代化的母题。事实上，任何一个社会都存在多种多样的价值观念和价值取向。改革开放 40 多年来，国家面临多样化的社会思潮、价值判断和利益诉求。为了实现中华民族的伟大复兴，人们需要精神旗帜、思想引领、文化导向，需要凝聚社会共识、团结一致，共同应对前进道路上遇到的各种困难和挑战。2014 年 2 月 24 日，习近平在主持中共中央政治局第十三次集体学习时指出：“核心价值观是文化软实力的灵魂、文化软实力建设的重点……一个国家的文化软实力，从根本上说，取决于其核心价值观的生命力、凝聚力、感召力。……历史和现实都表明，构建具有强大感召力的核心价值观，关系社会和谐稳定，关系国家长治久安。”① 2014 年 5 月 4 日，习近平在北京大学师生座谈会上的讲话中指出：“人类社会发展的历史表明，对一个民族、一个国家来说，最持久、最深层的力量是全社会共同认可的核心价值观。核心价值观，承载着一个民族、一个国家的精神追求，体现着一个社会评判是非曲直的价值标准。”② 2014 年 10 月 15 日，习近平在文艺工作座谈会上发表重要讲话时强调：“核心价值观是一个民族赖以维系的精神纽带，是一个国家共同的思想道德基础。如果没有共同的核心价值观，一个民族、一个国家就会魂无定所、行无依归。”建设文化强国所要构建的文化体系，是具有中国特色的社会主义文化体系，而任何一种文化体系的性质都是由其内蕴的价值观所决定和表征的，其中，“社会主义核心价值观又是社会主义中国和中华民族价值体系中最本质、最具决定作用的部分”③，是我国社会主流意识形态的集中体现，它引领着各个领域、各个层次的具体价值观，在中国特色社会主义事业发展中发挥着价值判断、价值评估和价值取向的统摄作用。社会主义核心价值观是构筑中国精神、体现中国价值、凝聚中国力量，建设社会主义文化强国不竭的精神动力和道德滋养，它彰显、培育着中国特色社会主义文化体系的魅力，同时也规约、引导着中国特色社会主义文化体系的发展。

---

① 习近平在中共中央政治局第十三次集体学习时强调把培育和弘扬社会主义核心价值观作为凝魂聚气强基固本的基础工程［N］. 人民日报，2014-02-26（01）.

② 十八大以来重要文献选编：中册［M］. 北京：中央文献出版社，2018：2.

③ 十八大以来重要文献选编：中册［M］. 北京：中央文献出版社，2018：133.

中华民族有着5000多年悠久的历史文化，经历了5000多年历史的沧桑巨变，世世代代的中国人正是依靠核心价值观凝聚力量，才使得古老的中华文明延续至今，才使得中华民族始终屹立于世界民族之林，才使得今日之中国走上伟大的复兴之路。从国际形势而言，当今世界处在大发展大变革大融合的阶段。在经济全球化、政治多极化、文化多元化的地球村时代，各种思潮、文化、价值观相互交流、交融、交锋，在文明互鉴和进步的同时也不可避免地造成价值迷茫和价值困惑，尤其是西方国家以普世价值的名义，通过多种文化媒介向全球推销其价值体系和价值理念，这对中国意识形态安全造成重大挑战，促使我们加强社会主义核心价值观研究。当代中国需要坚守什么样的价值观？这既是一个理论问题，也是一个实践问题。习近平总书记指出："经过反复征求意见，综合各方面认识，我们提出要倡导富强、民主、文明、和谐，倡导自由、平等、公正、法治，倡导爱国、敬业、诚信、友善，积极培育和践行社会主义核心价值观。富强、民主、文明、和谐是国家层面的价值要求，自由、平等、公正、法治是社会层面的价值要求，爱国、敬业、诚信、友善是公民层面的价值要求。"① 社会主义核心价值观的提出，旨在"确立反映全国各族人民共同认同的价值观'最大公约数'，使全体人民同心同德、团结奋进"②。

改革开放40多年来，中国社会经济体制、政治意识、阶层结构等发生重要变迁，基本价值观相应呈现出解构和重构双向嬗变的发展态势。从

① 习近平．青年要自觉践行社会主义核心价值观——在北京大学师生座谈会上的讲话［M］．北京：人民出版社，2014：4.

② 习近平．青年要自觉践行社会主义核心价值观——在北京大学师生座谈会上的讲话［M］．北京：人民出版社，2014：4.

国内思想态势而言，中国社会转型面临着多头并进的重大挑战，恰好处于经济增长速度换挡期、经济结构调整阵痛期、前期刺激政策消化期等现实阶段，表现为经济体制深刻变革，社会结构深刻变动，利益格局深刻调整，思想观念深刻变化，导致社会思潮此起彼伏，价值观相互冲突，呈现出拜金主义、享乐主义、极端个人主义等负面价值理念，出现价值失落、信仰迷茫、理想虚无等现象。面对世界范围内思想文化交流交融交锋的新形势，价值观较量呈现出新的态势；面对改革开放和发展社会主义市场经济条件下思想意识呈现出的多元、多样、多变的新特点，积极培育和践行社会主义核心价值观，对于巩固马克思主义在意识形态领域的指导地位、巩固全党全国人民团结奋斗的共同思想基础，对于促进人的全面发展、引领社会全面进步，对于集聚全面建成小康社会、实现中华民族伟大复兴中国梦的强大正能量，具有重要现实意义和深远历史意义。

习近平总书记指出："古人说：'大学之道，在明明德，在亲民，在止于至善。'核心价值观，其实就是一种德，既是个人的德，也是一种大德，就是国家的德、社会的德。国无德不兴，人无德不立。如果一个民族、一个国家没有共同的核心价值观，莫衷一是，行无依归，那这个民族、这个国家就无法前进。这样的情形，在我国历史上，在当今世界上，都屡见不鲜。"① 国家的前途命运与人民的幸福安康是内在统一、互为前提的。只有国家实现繁荣昌盛，人民才会过上幸福安康的生活；只有人民能够享受幸福安康的生活，国家才能稳定，经济才能发展，社会才能进步。以习近平

① 习近平．青年要自觉践行社会主义核心价值观——在北京大学师生座谈会上的讲话［M］．北京：人民出版社，2014：4.

同志为核心的党中央深刻认识到价值观与社会进步之间的密切关系，明确提出培育和践行社会主义核心价值观是推进中国特色社会主义伟大事业、实现中华民族伟大复兴中国梦的战略任务。

总之，核心价值观体现了一个国家或民族评判是非曲直的价值标准，反映了这个国家或民族的价值取向和价值诉求，推动着这个国家或民族不断向前发展。如果没有核心价值观，一个国家、一个民族就会丧失评判是非曲直的价值标准，丧失自己的价值取向和价值诉求，也会丧失推动其社会发展的最持久、最深层的力量，这个国家或民族就可能面临亡国灭种的危机，从这个意义上来说，确立社会主义核心价值观关乎国家的前途命运。价值观是文化的核心，文化在通常意义上都包含着某个社会群体普遍持有的价值观、价值取向、理想信念和价值判断等。进入 21 世纪以来，人类日益关注文化（或价值观）在社会发展和进步方面的重要作用。文化影响人心，价值观是人们行动的准则。中国特色社会主义的伟大事业需要广大的民众众志成城、同心协力。统一思想、凝聚共识是社会主义核心价值观的重要使命，也是国家文化发展战略最为内核的任务。社会主义核心价值观不是凭空产生的，而是在扬弃中国传统文化价值观，妥善借鉴吸收西方价值观的过程中形成和发展的。

第二节　社会主义核心价值观的内在结构和战略功能

党的十八大以来，我们坚持倡导富强、民主、文明、和谐，自由、平等、公正、法治，爱国、敬业、诚信、友善的社会主义核心价值观。社会主义核心价值观把涉及国家、社会、公民三个层面的价值要求融为一体，深入回答了我们要建设什么样的国家、建设什么样的社会、培育什么样的公民的重大问题，是当代中国精神的集中体现，凝结着全体人民共同的价值追求。

社会主义核心价值观的三个层面相互联系、相辅相成，共同形成一个逻辑结构严谨、内容意蕴丰富的有机整体。国家层面价值观体现同心共筑中国梦的价值诉求，是国家执政的价值目标；社会层面价值观是国家层面价值目标的具体落实和价值取向；个人层面价值观是价值观建设和道德建设的价值准则。

国家层面价值观是社会主义核心价值观的价值目标。富强指国富民强，这是社会主义现代化国家经济建设的应然状态，是中华民族梦寐以求的美好夙愿，也是国家繁荣昌盛、人民幸福安康的物质基础。民主即人民当家作主，是社会主义民主政治的本质和核心。我们所追求的民主就是人民民主，就是保证和支持人民当家作主，它是社会主义的生命，也是创造人民美好幸福生活的政治保障。实现人民民主，保证人民当家作主，必须坚持国家一切权力属于人民的宪法理念；实现人民民主，保证人民当家作主，要求治国理政大政方针在人民内部各方面进行广泛协商。文明是社会进步的重要标志，也是社会主义现代化国家的重要特征。它是社会主义现代化国家文化建设的应然状态，是对面向现代化、面向世界、面向未来的，民族的、科学的、大众的社会主义文化的概括，是实现中华民族伟大复兴的重要支撑。和谐是社会主义国家在社会建设领域的价值诉求，体现了中华优秀传统文化的基本理念。它要求辩证地处理人与自然、人与社会以及人与人之间的关系，它要求改变不公平的社会现状，实现学有所教、劳有所得、病有所医、老有所养、住有所居的生动局面，是经济社会和谐稳定、持续健康发展的重要保证。社会主义核心价值观中的“富强、民主、文明、和谐”分别体现了社会主义国家在经济建设、政治建设、文化建设和社会建设等领域的价值诉求和基本目标，是实现中华民族伟大复兴在国家层面的基本要求，是全党全国各族人民共同奋斗的价值理念和价值共识，是中国特色社会主义“五位一体”发展蓝图的抽象凝练，集中反映了当代中国人民努力实现中华民族伟大复兴的共同理想憧憬和美好价值追求。富强、民主、文明、和谐四者是相互联系、相互支撑、各有侧重、有机统一的。富强是经济层面的价值追求，是社会生产实践过程中对物质文明的价值诉求；民主是政治层面的价值目标，是中国特色社会主义政治文明的政治理想；文明在国家层面具有重要的统揽作用；和谐是国家治理的内在要求和价值目标。四者在实践进程中相互渗透，涵盖“五位一体”的总体布局和“四个全面”的发展战略。国家强盛、人民富裕是政治发展、文化发展、社会发展的重要物质基础。民主是国家发展的政治保障，缺乏社会主义民主制度的保障，物质财富分配机制会出现马太效应，造成贫富悬殊，难以实现共同富裕。文明是富强的发展方向，时至今日，中国国家综合实力蒸蒸日上，已经成为颇具影响力的世界大国，中国正以改革开放为发展主线，实现富强和文明的协同发展。和谐是富强的价值目标，富强价值观的本质目标是实现社会共同富裕，创建和谐社会。社会和谐是富强的重要保障，缺少社会和谐的富强，导致社会矛盾丛生；缺少生态和谐的富强，导致严重的自然环境危机。

社会层面价值观是社会主义核心价值观的价值取向。人是社会性的动物，人们共同生活在一起构成了整个社会。一个健康的社会不仅有共同的利益诉求，也有共同的价值追求。“自由、平等、公正、法治”是对美好社会的生动表述，也是从社会层面对社会主义核心价值观基本理念的凝练。“自由、平等、公正、法治”，不仅体现了现代社会基本的价值追求，也反映了中国特色社会主义的基本属性；构建自由、平等、公正、法治的理想社会既是中国共产党矢志不渝、长期实践的核心价值理念，也是实现中华民族伟大复兴的目标之一。自由是指人的意志自由、存在和发展的自由，它是人类社会的美好向往，也是人们普遍追求的社会价值目标。追求人的自由发展是马克思主义的价值支撑和最终归宿。自由与必然是对立统一的关系，体现了具体社会制度中的个体生存样态，个体自由而全面的发展是中国特色社会主义建设的价值目标。平等指的是公民在法律面前一律平等，人人依法享有平等参与、平等发展的权利。社会主义核心价值观中的“平等”包含着“实质平等”的价值诉求，社会主义核心价值观所追求的平等是权利平等、机会平等、人格平等。公正即社会公平正义，它是中国特色社会主义的内在要求，更是中国共产党追求的崇高价值目标，是国家、社会应有的根本价值理念。公正是法治的生命线，司法公正又对社会公正具有重要的引领作用；反之，司法不公正则会对社会公正造成致命性的破坏。社会主义核心价值观所倡导的公正，是要将平等和自由两种价值有机地结合起来，统一起来。公正是社会发展的重要尺度，是社会和谐发展的价值原则。法治是社会发展的治理模式，是刚性、强制性的治理模式。依法治国是社会主义民主政治的基本要求，它通过法治建设来维护和保障公民的根本利益，是实现自由平等、公平正义的制度保证。总之，自由是社会发展的终极目标，平等是公正的价值诉求，公正是法治的价值标准，法治是自由的重要保障。

公民层面价值观是社会主义核心价值观的价值基础。“爱国、敬业、诚信、友善”，是公民的基本道德规范，是从个人行为层面对社会主义核心价值观基本理念的凝练。它覆盖社会道德生活的各个领域，是公民必须恪守的基本道德准则，也是评价公民道德行为选择的基本价值标准。爱国是公民的道德责任和道德义务，是政治凝聚力、价值向心力的重要落脚点。敬业是职业伦理标准，是社会发展的内在要求。诚信是社会基本道德规范，是社会诚信体系的价值支柱。友善是公民交往的道德品质，体现了社会共同体和谐共生的价值诉求。在这其中，爱国和敬业鲜明体现了集体主义的价值主线。爱国是基于个人对自己祖国依赖关系的深厚情感，也是调节个人与祖国关系的行为准则。它同中国特色社会主义紧密结合在一起，要求人们以振兴中华为己任，促进民族团结、维护祖国统一、自觉报效祖国。在社会主义核心价值观中，最深层、最根本、最永恒的就是爱国主义，培育和践行社会主义核心价值观就必须把爱国主义教育作为永恒主题，贯穿在国民教育和精神文明建设的始终，贯穿在培育和践行社会主义核心价值观的始终。敬业是对公民职业行为准则的价值评价，要求公民忠于职守、克己奉公、服务人民、服务社会，它充分体现了社会主义职业精神。进一步来说，敬业不仅是职业行为准则的基本要求，也是职业伦理的核心。诚信即诚实守信，是人类社会千百年传承下来的道德传统，更是中华传统美德中的核心要求，古人内省克己的信条之一便是“人无信不立”。诚信也是社会主义道德建设的重点内容，它强调诚实劳动、信守承诺、诚恳待人、真实无欺、讲究荣誉。友善强调公民之间应互相尊重、互相关心、互相帮助、和睦友好，努力形成社会主义的新型人际关系。友善是人们在日常接人待物中表现出来的宽厚，它既是一种文明素养，也是人际交往中消除隔阂和化解矛盾的一剂良方。

总之，社会主义核心价值观把涉及国家、社会、公民的价值要求融为一体，既体现了社会主义的本质要求，构成了社会主义先进文化的精髓，也决定着中国特色社会主义的发展方向。一个民族、一个国家的文化之强，有诸多的指标表征，而文化的强劲竞争力便是其中一项至关重要的指标。文化的竞争力集中体现为文化的吸引力、感召力和凝聚力，而这种吸引力、感召力和凝聚力均源于核心价值观的力量。

国家层面的“富强、民主、文明、和谐”，居于社会主义核心价值观的最高层次，是我国社会主义现代化国家的建设目标，是文化强国的应然之态，也是支撑我们攻坚克难、发展奋进、实现振兴的精神动力。社会层面的“自由、平等、公正、法治”，反映了中国特色社会主义的基本属性，是对我们竭力构建的美好社会的生动表述，也是厚植文化强国建设的土壤、观照文化强国建设的现实环境需求、建设社会主义文化强国的先决条件。个人层面的“爱国、敬业、诚信、友善”，是从个人行为层面对公民提出的基本道德要求，是检验公民行为的标尺，应该成为每个公民自身的价值取向，也应该是每个公民评判是非曲直、识别善恶美丑、明辨正邪荣辱的价值标准，特别是在多元文化交织激荡、泥沙俱下的信息洪流通过网络风潮席卷而来的今天，我们更需要用核心价值观律己，自觉捍卫文化的正义性。

第三节　培育和践行社会主义核心价值观

学习社会主义核心价值观不仅要明晰理论，更要将其转化为具体的行动准则。培育和践行社会主义核心价值观的基本要求就是要使之内化于心、外化于行。习近平总书记强调，要把培育和弘扬社会主义核心价值观作为凝魂聚气、强基固本的基础工程，继承和发扬中华优秀传统文化和传统美德，广泛开展社会主义核心价值观宣传教育，积极引导人们讲道德、尊道德、守道德，追求高尚的道德理想，不断夯实中国特色社会主义的思想道德基础。培育和践行社会主义核心价值观，要以培养担当民族复兴大任的时代新人为着眼点。面对新时代新要求，落实好这一重大战略任务，必须强化教育引导、实践养成、制度保障，发挥社会主义核心价值观的引领作用，使之融入社会发展的各方面，转化为人们的情感认同和行为习惯。

培育和践行社会主义核心价值观，要注重全方位贯穿、深层次融入。任何一种价值观在全社会的确立，都是一个思想教育与社会孕育相互促进的过程，都是一个内化与外化相辅相成的过程。深入领会习近平总书记关于培育和践行社会主义核心价值观的要求，就必须坚持基本的原则。

第一是方向性与主导性相统一。方向性原则是践行社会主义核心价值观应坚持的正确政治方向，主导性原则即坚持社会主义核心价值观的主导地位。社会主义核心价值观是社会主义意识形态的价值本质反映，在社会价值体系中占据着主导地位。社会生活方式的多样化决定了社会价值观念的多元化，坚持践行社会主义核心价值观的方向性和主导性，方能引领社会多元思潮、凝聚社会多元共识，做好世界观、人生观、价值观的教育工作，筑牢符合主流意识形态需求的价值追求和价值规范。社会主义核心价值观建设，归根结底是培养契合时代需求，具有正确价值观的社会主义建设者和接班人。中国共产党历来重视对人民群众的培育和教育工作，通过社会主义核心价值观教育，培养时代新人，为实现中华民族伟大复兴的中国梦作贡献。与此同时，践行社会主义核心价值观，能够有效巩固社会主义意识形态的主导地位，在各种社会思潮交锋中建立中华民族共通的精神纽带和道德基础，保持中华民族的价值观自信和民族精神独立。只有这样，我们才能坚持中国特色社会主义的正确航向，增强人民群众建设事业的道路自信、理论自信、制度自信和文化自信，为进行伟大斗争、建设伟大工程、推进伟大事业、实现伟大梦想汇聚磅礴之力，共同建设社会主义现代化强国。

第二是理论性与实践性相统一。践行社会主义核心价值观，就要站稳马克思主义立场，在鲜活的广阔的社会实践中，积极回应重大现实问题，不断提高社会主义核心价值观的理论诠释力。社会主义核心价值观将社会实践作为基本途径和基本方式，贴近群众、贴近实际、贴近生活，在社会实践过程中激发价值主体对新时代社会主义繁荣发展的自豪感，增强对中华民族伟大复兴中国梦的自信心，进而提升受教育者对社会主义核心价值观的认同感。具体而言，要通过教育引导、舆论宣传、文化熏陶、实践养成、制度保障等，将社会主义核心价值观内化为人们的精神追求，外化为人们的自觉行动。所谓“教育引导”，就是要做到区分层次、突出重点。首先，要充分发挥榜样的力量。榜样的力量是无穷的，广大党员干部必须带头学习和弘扬社会主义核心价值观，用自己的模范行为和高尚人格感召群众、带动群众。其次，要从娃娃抓起、从学校抓起。少年儿童要从小学习做人，扣好人生的第一粒扣子。培育和践行社会主义核心价值观要做到进教材、进课堂、进头脑。最后，广大青年要把正确的道德认知、自觉的道德养成、积极的道德实践紧密结合起来，自觉树立和践行社会主义核心价值观，带头倡导良好社会风气。要加强思想道德修养，自觉弘扬爱国主义、集体主义、社会主义思想，积极倡导社会公德、职业道德、家庭美德。所谓“舆论宣传”，就是要利用各种时机和场合，运用各类文化形式，生动具体地表现社会主义核心价值观，营造良好的舆论氛围，做到“春风化雨，润物无声”。具体而言，就是要用高质量高水平的作品，形象地告诉人们什么是真善美，什么是假恶丑，什么是值得肯定和赞扬的，什么是必须反对和否定的，从而形成有利于培育和弘扬社会主义核心价值观的生活情境和社会氛围，使核心价值观的影响像空气一样无所不在、无时不有。所谓“文化熏陶”，就是除了做好常规的理论宣讲、思想教育之外，还应重视发挥文以载道、文以释道、文以传道的优势，多做“以文化人”的隐性、软性教育。要聚焦社会主义核心价值观在社会发展进程及个体命运变迁等方面的典型事例，善于用艺术的形式把深刻的大道理和贴近百姓的小道理结合起来讲述好、传播好，使人们在得到审美享受的同时感受到真理的魅力，由此不断加深对社会主义核心价值观的认同。所谓“实践养成”，就是要建立和规范必要的礼仪制度，组织开展形式多样的纪念庆典活动，传播主流价值，增强人们的认同感和归属感。要把社会主义核心价值观的要求融入各种精神文明创建活动之中，吸引群众广泛参与，推动人们在为家庭谋幸福、为他人送温暖、为社会作贡献的过程中提高精神境界、培育文明风尚。所谓“制度保障”，就是要发挥政策导向作用，使经济、政治、文化、社会等方方面面政策都有利于社会主义核心价值观的培育，同时也要善于用法律来推动核心价值观建设。此外，各种社会管理要承担起倡导社会主义核心价值观的责任，注重在日常管理中体现价值导向，使符合核心价值观的行为得到鼓励和褒扬、违背核心价值观的行为受到惩戒和制约。总之，在培育和践行社会主义核心价值观方面，必须立足中华民族优秀传统文化，特别是中华优秀传统美德；必须大力弘扬爱国主义精神，并将其与培育和践行社会主义核心价值观紧密联系起来；必须大力加强社会主义思想道德建设，营造全社会崇德向善的浓厚氛围，特别是要将其与日常生活紧密联系起来，在落细、落小、落实上下功夫。

第三是传承性与创新性相统一。社会主义核心价值观有着深厚的历史积淀和文化传承，践行社会主义核心价值观应自觉回溯中国传统优秀文化价值观，从世界历史角度理性观照社会主义诞生至今 500 多年的实践历程，全面把握中国共产党领导下 100 年来的革命、建设和改革开放的经验总结，从而有效挖掘行之有效的教育经验、教育方法和教育模式。当前我们处于中华民族伟大复兴的新时代，我们在尊重价值观发展历史脉络的基础上，要有机统合传统文化精髓、社会主义价值追求，以及西方等价值观中的合理成分，并以此把握时代诉求和时代精神，实现践行社会主义核心价值观的路径创新。不忘本来才能开辟未来，善于继承才能更好创新。对历史文化特别是先人传承下来的价值理念和道德规范，要坚持古为今用、推陈出新，有鉴别地加以对待，有扬弃地予以继承，努力用中华民族创造的一切精神财富来以文化人、以文育人。这就是说，社会主义核心价值观绝不是中华传统文化的简单继承和现代复归，而是要在马克思主义的指导下，坚持“古为今用、推陈出新、取其精华、剔除糟粕”的方针，为中华传统文化注入新的时代内涵。这就要求我们在培育和践行社会主义核心价值观时，既要充分挖掘和阐释中华优秀传统文化中的道德精粹和思想精华，也要不断推进中华传统文化实现创造性转化与创新性发展，使其真正成为涵养社会主义核心价值观的重要源泉。习近平总书记指出：“要讲清楚中华传统文化的历史渊源、发展脉络、基本走向，讲清楚中华文化的独特创造、价值理念、鲜明特色，增强文化自信和价值观自信。要认真汲取中华优秀传统文化的思想精华和道德精髓，大力弘扬以爱国主义为核心的民族精神和以改革创新为核心的时代精神，深入挖掘和阐发中华优秀传统文化讲仁爱、重民本、守诚信、崇正义、尚和合、求大同的时代价值，使中华传统文化成为涵养社会主义核心价值观的重要源泉。要处理好继承和创造性发展的关系，重点做好创造性转化和创新性发展。"① 所谓"中华传统文化的创造性转化"，主要是指按照时代的要求，对那些至今仍有借鉴价值的文化要素进行改造，赋予其新的时代内涵和当代表现形式；所谓"中华传统文化的创新性发展"，主要是指按照当今时代新发展趋势，对中华传统文化的内涵进行补充、扩展和完善，从而进一步增强其影响力和生命力。

第四是整体性与阶段性相统一。践行社会主义核心价值观是整体性、系统性、长期性工作。国家应开展顶层设计、通盘考虑践行社会主义核心价值观的整体协同推进模式，既要各个要素协同发力，又要在落细、落小、落实上下功夫。习近平总书记特别强调，要使社会主义核心价值观的影响像空气一样无所不在、无时不有，必须坚持全民行动、干部带头，从家庭做起，从娃娃抓起。要动员全社会共同参与、共同行动，使之与人们的日常生产生活深度融合，成为全体人民日用而不觉的行为准则。为此，要发挥党员干部的示范带动作用，用自己的模范行为和高尚人格感召群众、带动群众。把家风建设作为重要抓手，运用生活化的场景、日常化的活动、具体化的载体，推动社会主义核心价值观在家庭中生根。要深化未

① 习近平．习近平谈治国理政［M］．北京：外文出版社，2014：164.

成年人思想道德建设，教育引导广大青少年扣好人生的第一粒扣子，勤学、修德、明辨、笃实，身体力行地践行社会主义核心价值观。要把社会主义核心价值观更好地贯穿于国民教育之中，融入教育教学、校风学风，引领师德建设。要把培育和践行社会主义核心价值观作为精神文明创建的根本任务，体现到文明城市、文明村镇、文明单位、文明家庭、文明校园创建活动各个方面。要把社会主义核心价值观渗透到精神文化产品创作生产传播各环节，潜移默化地增进人们对社会主义核心价值观的认同和践行。要立足中华优秀传统文化，从中汲取丰富营养，使其成为涵养社会主义核心价值观的重要源泉。要充分发挥法律和政策的保障作用，坚持依法治国和以德治国相结合，把社会主义核心价值观融入法治国家、法治政府、法治社会建设全过程，贯穿于立法、执法、司法、守法各方面。

培育和践行社会主义核心价值观的基本目的就是要以文化人、以文育人，其中最为关键的是要突出道德价值的作用。习近平总书记指出："精神的力量是无穷的，道德的力量也是无穷的。中华文明源远流长，孕育了中华民族的宝贵精神品格，培育了中国人民的崇高价值追求。自强不息、厚德载物的思想，支撑着中华民族生生不息、薪火相传，今天依然是我们推进改革开放和社会主义现代化建设的强大精神力量。"① 习近平总书记多次强调国无德不兴、人无德不立的重要思想，强调必须加强全社会的思想道德建设，激发人们形成善良的道德意愿、道德情感，培育正确的道德判断和道德责任，提高道德实践能力尤其是自觉践行能力，引导人们向往和追求讲道德、尊道德、守道德的生活，形成向上的力量、向善的力量。

---

① 习近平．习近平谈治国理政［M］．北京：外文出版社，2014：158.

"核心价值观，其实就是一种德，既是个人的德，也是一种大德，就是国家的德、社会的德。国无德不兴，人无德不立。如果一个民族、一个国家没有共同的核心价值观，莫衷一是，行无依归，那这个民族、这个国家就无法前进。这样的情形，在我国历史上，在当今世界上，都屡见不鲜。"①培育核心价值观，重要的是增强人们的价值判断力和道德责任感。社会主义核心价值观是追求真善美的价值观，中华民族是自强不息、厚德载物的民族，每个人心底蕴藏的善良道德意愿、道德情感，就是我们培育社会主义核心价值观最深厚的土壤。要把增强全社会的价值判断力和道德责任感作为宣传教育的重要着力点，引导人们辨别什么是真善美、什么是假恶丑，自觉做到常修善德、常怀善念、常做善举。现在突出问题是，在一些领域和一些人当中，价值判断没有了界限、丧失了底线，甚至以假乱真、以丑为美、以耻为荣。因此，我们一定要正视问题，把正面教育与舆论监督结合起来，把引导热点问题与群众道德评议结合起来，旗帜鲜明地弘扬真善美、贬斥假恶丑，树立正确导向、澄清模糊认识、匡正失范行为，形成激浊扬清、抑恶扬善的思想道德舆论场，引导人们自觉做良好道德风尚的建设者，做社会文明进步的推动者。

总之，在培育和践行社会主义核心价值观的过程中，要持续深入地开展思想道德建设，通过倡导和弘扬真善美的道德价值，在全社会形成崇德向善、见贤思齐、德行天下的浓厚氛围。一种价值观要真正发挥作用，必须融入社会生活，让人们在实践中感知它、领悟它，实现真正的"内化于

---

① 习近平．青年要自觉践行社会主义核心价值观——在北京大学师生座谈会上的讲话［M］．北京：人民出版社，2014：4.

心”，也只有真正内化于心的价值观才会具有恒久的生命力。实践是最有说服力的教科书，社会主义核心价值观的最大说服力，应该来自夺取中国特色社会主义新胜利、实现中华民族伟大复兴中国梦的生动实践。社会主义核心价值观所倡导的价值理念，在为中国梦提供精神支撑的同时，必将逐步彰显强大生命力，触及人们的灵魂深处，使人们更自觉地认同和遵循，进而转化为更积极追求幸福生活的行动。

第三章

文化传承是战略重点：推动中华优秀传统文化的创造性转化和创新性发展

为什么中华民族能够在几千年的历史长河中顽强生存和不断发展呢？很重要的一个原因，是我们民族有一脉相承的精神追求、精神特质、精神脉络。

——习近平

中华传统文化是先祖们在华夏大地上用生命和智慧浇沃出的人类文明奇葩，是中华民族对人类的伟大贡献。优秀的中华传统文化是中华民族的“根”和“魂”，是最深厚的文化软实力，是中国特色社会主义植根的沃土，是我们在世界文化激荡中站稳脚跟的根基。作为国家文化发展战略，中华优秀传统文化是当代文化发展的宝贵资源，文化传承是战略工作的重点所在。中华民族伟大复兴需要以中华文化发展繁荣为条件，要推动中华优秀传统文化创造性转化、创新性发展，不断增强中华文化的影响力和吸引力，创造中华文化新的辉煌。习近平总书记高度重视中华传统文明对于当代中国发展的重大意义，他反复强调中华文明在人类文明史上的重要地位，并指出中华文明对人类文明进步所作出的重大贡献。习近平总书记的重要论述，对于我们深刻理解中华文明的当代意义具有重要的启示，他指出：“为什么中华民族能够在几千年的历史长河中顽强生存和不断发展呢？很重要的一个原因，是我们民族有一脉相承的精神追求、精神特质、精神脉络。”① 在数千年的历史长河中，中华民族历经无数坎坷曲折、起伏跌宕，中华传统文化始终是中华民族开放包容、继往开来、繁荣昌盛、生生不息的民族血脉。历史告诉我们，没有中华传统文化的呵护和滋养，就没有中华民族今日的繁荣与强盛。同样，没有中华传统文化的赓续传承与创造性转化，中华民族就不会有新的荣耀与辉煌，中国梦就难以早日实现。从国家战略的层面上传承发展中华优秀传统文化，就是要用蕴含其中的精髓、精华滋养当代中国人的精神世界，提振当代中国人的精神力量。中华

---

① 习近平．从小积极培育和践行社会主义核心价值观——在北京市海淀区民族小学主持召开座谈会时的讲话［EB/OL］．［2014－05－30］．http：//news. xinhuanet. com/politics/2014－05/30/c_1110944180. htm.

民族自古以来就是一个具有精神凝聚力的民族。历史反复证明了一个真理，具有精神凝聚力能实现国家兴旺、人民幸福，没有精神凝聚力则会导致民族衰败、人民遭殃。因此，精神凝聚力对一个国家、一个民族来讲至关重要，有精神凝聚力才有力量，有精神凝聚力才有未来。古人对祖先的认同感是中华民族凝聚力的最初表现，而这种认同感也是中华传统文化的有机组成。在中国历史上，曾出现过短暂的分裂现象，但民族团结、国家统一始终是中华民族发展的主流。步入新时代，全国各族人民同心同德、同心同向，取得了令世人瞩目的发展成就，形成了勇往直前、无坚不摧的强大力量。传统文化中的认同感文化能够增强中华民族的精神凝聚力，有助于早日实现中华民族强起来的目标。中国共产党在领导人民进行革命、建设、改革的伟大实践中，作为国家文化战略的引领者和执行者，自觉肩负起传承发展中华优秀传统文化的历史重任，是中华优秀传统文化的忠实传承者和弘扬者。

第一节　中华优秀传统文化的地位和价值

传统文化是一个国家、一个民族集体精神的核心所在，能够决定其存亡兴衰。中华优秀传统文化是中华民族的精神血脉和精神力量，它不仅在从艺术到科学、从制度到生产的诸多领域为人类提供了极为丰富的资源，而且在与其他文化的交流互鉴中极大地推动了人类文明的发展与进步。优秀传统文化是一个国家、一个民族传承和发展的根本，如果丢掉了，就割断了精神命脉，就会置国家和民族于危险境地。当今世界竞争日趋激烈，不仅体现在军事、经济等硬实力方面，也体现在一国精神文化状态等软实力方面，这是衡量一个国家综合国力和国际竞争力的重要指标。中华传统文化传承了中华民族独有的精神品质，是我们宝贵的精神财富，必须大力传承和弘扬，使其成为提升中国文化软实力的不竭文化源泉。随着改革开放的深入推进，中国已经进入全面深化改革的攻坚阶段，需要多方汲取智慧推动改革深入发展，而中华传统文化中蕴含着丰富的治国理政思想，对推进中国特色社会主义发展具有重要的启示和借鉴意义。从国内层面来看，中华传统文化滋养了一代又一代中国人的精神世界，是中国人民的精神纽带；从国际层面来看，中华传统文化是中华民族立足于世界的根基所在。

历史地看，中华传统文化大体包括先秦诸子百家争鸣、两汉经学兴盛、魏晋南北朝玄学流行、隋唐儒释道并立、宋明理学发展等重要历史时期，其中儒家思想和儒学发展贯穿了这几个重要的历史时期，始终是中华传统文化的重要组成部分。中华优秀传统文化蕴含的思想观念，如革故鼎新、与时俱进，脚踏实地、实事求是，惠民利民、安民富民，道法自然、天人合一等，为人们认识和改造世界提供了有益启迪，为治国理政提供了有益借鉴。中华优秀传统文化蕴含的人文精神，如求同存异、和而不同的处事方法，文以载道、以文化人的教化思想，形神兼备、情景交融的美学追求，俭约自守、中和泰和的生活理念等，滋养了中华民族独特丰富的文学艺术、科学技术、人文学术等，至今仍然具有深远影响。中华优秀传统文化蕴含的道德规范，如天下兴亡、匹夫有责的担当意识，精忠报国、振兴中华的爱国情怀，崇德向善、见贤思齐的社会风尚，孝悌忠信、礼义廉耻的荣辱观念，体现着评判是非曲直的价值标准，潜移默化地影响着中国人的行为方式。今天，我们传承发展中华优秀传统文化，就是要用蕴含其中的精髓精华滋养当代中国人的精神世界，提振当代中国人的精神力量。进入新时代，要坚持高度的历史文化自觉，继承和弘扬好中华优秀传统文化，既要传承，又要创新，在传承中实现创新发展，在民族资源的沃土中全面推进中国特色社会主义文化的发展。

党的十八大以来，习近平总书记高度重视传统文化的发展，主持召开一系列重要工作会议部署中华传统文化发展工作，提出了一系列具有许多新的历史特点的关于中华传统文化的新理念、新思想、新战略，形成了习近平新时代文化思想中的重要内容与内涵。习近平关于传统文化的思想是在中国特色社会主义进入新时代的背景下形成的，是指导传承和弘扬中华传统文化的科学指南，具有重要的理论和现实意义。2014 年 2 月 24 日，习近平在主持中共中央政治局第十三次集体学习时强调："抛弃传统、丢掉根本，就等于割断了自己的精神命脉。博大精深的中华优秀传统文化是我们在世界文化激荡中站稳脚跟的根基。"① 中华优秀传统文化积淀着中华民族最深层次的精神追求，蕴藏着中华民族最根本的精神基因，是中华民族建设文化强国的突出优势，也是中华民族独特的精神标识和气质凝聚。中华优秀传统文化讲仁爱、重民本、守诚信、崇正义、尚和合、求大同，是涵养社会主义核心价值观的重要源泉，也是夯实文化强国建设的基础。世界四大文明古国中只有中华文明虽历经沧桑，但从未断流。千百年来，中华传统文化几经解构与建构，历经沿革与流变，同时也饱受外来文化的袭扰与冲击，在翻天覆地的社会变革中，在漫长而又曲折的历史进程里，

① 中共中央宣传部．习近平新时代中国特色社会主义思想三十讲［M］．北京：学习出版社，2018：206.

跨越绵延万里的空间界限，穿越千年流转的时光隧道，仍然能以绵延不绝、生生不息之势滚滚前进，足见中华传统文化之质与核的强大生命力。

2014 年，习近平主席在巴黎联合国教科文组织总部的演讲中提出："每一种文明都延续着一个国家和民族的精神血脉，既需要薪火相传、代代守护，更需要与时俱进、勇于创新……把跨越时空、超越国度、富有永恒魅力、具有当代价值的文化精神弘扬起来，让收藏在博物馆里的文物、陈列在广阔大地上的遗产、书写在古籍里的文字都活起来。"① 同年，习近平总书记在文艺工作座谈会上的讲话中指出："传承中华文化，绝不是简单复古，也不是盲目排外，而是古为今用、洋为中用，辩证取舍、推陈出新。"② 做好中华优秀传统文化的创造性转化和创新性发展，是科学对待中国文化的马克思主义命题，要科学地评价、辩证地对待前人留下的文化遗产，承认其相对的真理性以及在特定时代的进步价值，坚持继承和创新相结合，这是我们对待中华优秀传统文化的理论遵循。中华优秀传统文化的丰厚遗产，华夏儿女不仅要从中汲取营养、赓续文脉、传承精神，更要和着时代的脚步与节奏，将古韵转新曲，使中华民族优秀的文化基因与当代价值相适应、与现代社会相协调。

2017 年，习近平总书记在党的第十九次全国代表大会上指出，在新时期弘扬中华优秀传统文化就要"深入挖掘中华优秀传统文化蕴含的思想观念、人文精神、道德规范，结合时代要求继承创新，让中华文化展现出永

① 中共中央宣传部．习近平新时代中国特色社会主义思想三十讲［M］．北京：学习出版社，2018：206.

② 中共中央宣传部．习近平新时代中国特色社会主义思想三十讲［M］．北京：学习出版社，2018：206.

久魅力和时代风采”①。传承和弘扬中华优秀传统文化，并不意味着故步自封，闭上眼睛不看世界，只有睁开眼睛，文化盛景才能入目。每个国家在其民族文化园林中都有其瑰宝，我们需要立足自己的国情，积极吸取其中的有益成分，择善而纳、兼收并蓄，丰富和发展中华文化。换言之，做好传统文化的创造性转化和创新性发展，我们需要具有面向世界的空间视野，面向未来的时间视域以及面向现代化的现实视角。

从历史的角度看，习近平新时代中国特色社会主义思想中关于传统文化的思想是新时代中国文明发展历史自觉的必然结果；从现实需要的角度看，它也是对传统文化发展境遇的深刻判断。任何国家的发展都要建立在一定的历史文化传统的基础之上，历史的延续和文化的传承是国家发展的血脉和根基。一方面，注重在历史的延续中思考社会发展的现实走向，在文化传承中开辟新的发展道路是一个成熟的大国应有的能力和品质，这是高度的历史自觉和历史担当的体现。因此，习近平总书记深入考察中华优秀传统文化在历史发展中的深远影响，将传承和弘扬中华优秀传统文化放在历史长河中作深入考量，将传承和弘扬中华传统文化置于中国特色社会主义发展历程中进行审视，从而形成习近平关于传统文化的思想，有其深刻的历史必然性。另一方面，强调历史思维，注重从历史文化的延续性角度考虑国家发展是中国共产党的宝贵精神品质。习近平总书记强调，我们必须在深刻把握中华民族5000多年的发展历程中考量中国特色社会主义的发展，中国特色社会主义有深厚的历史文化根基，那就是中华民族的发

① 中共中央宣传部．习近平新时代中国特色社会主义思想三十讲［M］．北京：学习出版社，2018：207.

展历史和独特的文化传统。任何国家选择发展道路都要从本国的发展历史和文化传统中汲取智慧，照抄照搬别国的发展经验不能起到长远的效果，必须立足本国的具体实际，立足本国的历史文化传统。中国特色社会主义是在充分继承中华民族独特的文化传统和历史发展经验的基础上得出的正确发展道路，是经过对中华民族传统文化的文化自觉和文化自省而得出的必然结论。

第二节 中华优秀传统文化的内容和特征

中华优秀传统文化是中华文明的瑰宝，也是中华民族生生不息、发展壮大的重要滋养和根基，是我们实现中国梦、为人类发展提供中国方案的宝贵精神资源和文化力量。2013 年 9 月 26 日，在会见第四届全国道德模范及提名奖获得者时，习近平总书记指出，“中华文明源远流长，孕育了中华民族的宝贵精神品格，培育了中国人民的崇高价值追求。自强不息、厚德载物的思想，支撑着中华民族生生不息、薪火相传，今天依然是我们推进改革开放和社会主义现代化建设的强大精神力量”①。这段话深刻揭示了以习近平为代表的中国共产党人对中国传统文化的清晰认识和科学定位。党的十八大以来，习近平总书记全面审视中华传统文化的发展境遇，既看到中华传统文化发展面临难得的历史机遇，又看到思想文化领域存在着干扰中华传统文化发展的现实困境。全面把握中华传统文化的现实境

① 习近平会见第四届全国道德模范及提名奖获得者［EB/OL］．［2013-09-26］．http：//news. xinhuanet. com/politics/2013-09/26/c_ 117526476. htm.

遇，深刻研判中华传统文化的处境，这是形成习近平关于传统文化思想的重要现实依据。习近平总书记《在纪念孔子诞辰2565周年国际学术研讨会暨国际儒学联合会第五届会员大会开幕会上的讲话》中以儒家思想为例，特别强调了中华优秀传统文化“对人类文明思想宝库有很大的贡献”①。他在多个场合也曾指出，“孔子和儒家思想的许多观点和方法，对人类文明思想宝库有很大的贡献，提出了很多基本观念，有些是和世界其他国家思想一致的，不约而同的，有些是独自的贡献，如‘仁’‘己所不欲，勿施于人’”②，“研究孔子、研究儒学，是认识中国人的民族特性、认识当今中国人精神世界历史来由的一个重要途径”，“对人类进步文明思想，马克思主义中国化，孔子影响很大”③。习近平总书记指出，“儒家思想同中华民族形成和发展过程中所产生的其他思想文化一道，记载了中华民族自古以来在建设家园的奋斗中开展的精神活动、进行的理性思维、创造的文化成果，反映了中华民族的精神追求，是中华民族生生不息、发展壮大的重要滋养”④。他还反复强调，中华优秀传统文化“这是我们民族的‘根’和‘魂’，丢了‘根’和‘魂’，就没有根基了”⑤。从历史的角度

① 习近平．在纪念孔子诞辰2565周年国际学术研讨会暨国际儒学联合会第五届会员大会开幕会上的讲话［EB/OL］．［2014-09-24］．http://news.xinhuanet.com/politics/2014-09/24/c_1112612018.htm.

② 习近平主席曲阜讲话：世界儒学传播，中国要保持充分话语权［EB/OL］．［2014-09-29］．http://www.guancha.cn/XiJinPing/2014_09_29_271934.shtml.

③ 习近平主席曲阜讲话：世界儒学传播，中国要保持充分话语权［EB/OL］．［2014-09-29］．http://www.guancha.cn/XiJinPing/2014_09_29_271934.shtml.

④ 习近平．在纪念孔子诞辰2565周年国际学术研讨会暨国际儒学联合会第五届会员大会开幕会上的讲话［EB/OL］．［2014-09-24］．http://news.xinhuanet.com/politics/2014-09/24/c_1112612018.htm.

⑤ 习近平．在纪念孔子诞辰2565周年国际学术研讨会暨国际儒学联合会第五届会员大会开幕会上的讲话［EB/OL］．［2014-09-24］．http://news.xinhuanet.com/politics/2014-09/24/c_1112612018.htm.

来看，中华文明是中华民族形成和壮大的文化基础。在中华民族的形成历史上，春秋战国时期群雄并立，造成数百年间频繁的人口交流和文化交流，诞生了一批对中华文明发展影响深远的文化原典，形成我国历史上第一座文化高峰，中华民族的主体——汉族也在这一时期得以形成。此后秦代一统，实行车同轨、书同文，人同伦，设立郡县，统一度量衡，为中华文明的扩散和中华民族的发展壮大奠定了极其关键的基础。接着，汉代与匈奴的对抗与交融，十六国时期少数民族纷纷进驻中原地区，唐代开放融合的文化氛围等都对中华民族内部各族群之间的融合产生了巨大的促进作用。再后来，历经宋元明等历代的民族融合与交流，到清代时，中华民族内部的融合与交流达到新的高度。总之，在漫长的文明演进中，中华文明以其开放、包容、求实和刚健的品格，化育了人类最重要的文明形态之一。以“四书”“五经”“诸子集成”“二十四史”等为代表的传统典籍，以《诗经》、楚辞、汉大赋、六朝骈文、唐诗、宋词、元曲、明清小说等为代表的文学作品，共同孕育了中华民族博大精深的思想智慧，滋养了中华儿女充盈丰沛的精神世界。

回到当前，面对着世情、国情、党情的新变化、新特点，党治国理政尤为需要从中华传统文化中汲取智慧，以丰富党在处理国与国之间的关系、经济社会发展的关系、人与自然的关系等重大关系中的思路和智慧，从而推进国家治理体系和治理能力的现代化。在发展国家之间关系方面，中华传统文化也具有重要的时代价值，习近平总书记提出构建人类命运共同体的主张就是充分汲取了中华文化中“协和万邦”“天下大同”等理念，对构建公正合理的国际秩序和国际关系具有重要的现实意义。正是由于中华优秀传统文化具有重要的现实启示和时代价值，我们需要大力弘扬和传承中华传统文化，而这也为中华文化发展带来了新的历史发展机遇，因此，要加强对中华传统文化的宣传教育工作，深入挖掘和阐释中华文化的内涵和价值，为传承工作提供有利条件。习近平总书记指出，“当今世界，人类文明无论在物质还是精神方面都取得了巨大进步，特别是物质的极大丰富是古代世界完全不能想象的。同时，当代人类也面临着许多突出的难题，比如，贫富差距持续扩大，物欲追求奢华无度，个人主义恶性膨胀，社会诚信不断消减，伦理道德每况愈下，人与自然关系日趋紧张，等等。要解决这些难题，不仅需要运用人类今天发现和发展的智慧和力量，而且需要运用人类历史上积累和储存的智慧和力量”①。中华优秀传统文化承载和蕴含着丰富的智慧和力量，能够不断启迪中华民族走向新的辉煌。2014 年 10 月 15 日，习近平总书记在文艺工作座谈会上的讲话中指出，“历史和现实都证明，中华民族有着强大的文化创造力。每到重大历史关头，文化都能感国运之变化、立时代之潮头、发时代之先声，为亿万人民、为伟大祖国鼓与呼。中华文化既坚守本根又不断与时俱进，使中华民族保持了坚定的民族自信和强大的修复能力，培育了共同的情感和价值、共同的理想和精神”②。中华文化只有不断坚持守正创新，才可能为中华民族的伟大复兴提供强大的精神支撑和心理动力。“中国人民的理想和奋斗，中国人民的价值观和精神世界，是始终深深植根于中国优秀传统文化沃土

① 习近平．在纪念孔子诞辰 2565 周年国际学术研讨会暨国际儒学联合会第五届会员大会开幕会上的讲话［EB/OL］．［2014-09-24］．http：//news. xinhuanet. com/politics/2014-09/24/c_ 1112612018. htm.

② 习近平．在文艺工作座谈会上的讲话［EB/OL］．［2015-10-14］．http：//news. xinhuanet. com/politics/2015-10/14/c_ 1116825558. htm.

之中的，同时又是随着历史和时代前进而不断与日俱新、与时俱进的。”①

作为国家文化发展战略的重要组成，中华优秀传统文化有着重要的时代价值，促进和激发着中国的社会进步和个人发展。2012 年 11 月，习近平同志在参观《复兴之路》展览时指出，“中国梦是国家情怀、民族情怀、人民情怀相统一的梦。‘家是最小国，国是千万家’。国泰则民安，民富则国强。中国梦的最大特点，就是把国家、民族和个人作为一个命运共同体，把国家利益、民族利益和每个人的具体利益紧紧联系在一起，体现了中华民族固有的‘家国天下’的情怀”②。“家国天下”这四个字，高度浓缩了中华民族自古迄今一以贯之的崇高价值追求。中华传统文化中体现出的责任、义务、集体、和谐、统一等理念深刻影响了民族心理。注重现实世界，关注群体价值，爱国爱家，注重伦理价值等都是中华传统文化的精神品格，这同西方政治观念有着很大的不同。24 字的社会主义核心价值观，在国家层面对应的是富强、民主、文明、和谐，在社会层面对应的是自由、平等、公正、法治，在公民个人层面对应的是爱国、敬业、诚信、友善，这充分体现了社会主义核心价值观与中华优秀传统文化的吸收和对接，体现了社会主义核心价值观对中华优秀传统文化的内在传承。一个国家选择什么样的治理体系，是由这个国家的历史传承、文化传统、经济社会发展水平等决定的，是由这个国家的人民决定的。我们今天的国家治理体系，是在我国历史传承、文化传统、经济社会发展等基础上长期发展、渐进改进、内生性演化的结果。在社会价值层面，中华文明追求一种普遍

---

① 习近平．在纪念孔子诞辰 2565 周年国际学术研讨会暨国际儒学联合会第五届会员大会开幕会上的讲话［EB/OL］．［2014-09-24］．http：//news. xinhuanet. com/politics/2014-09/24/c_ 1112612018. htm.

② 习近平总书记系列重要讲话读本［M］．北京：学习出版社，人民出版社，2014.

的总体性价值，从而使所有个体生命都有共同的社会性归属；在自然价值领域，中华文明追求人与自然和谐相处，将人与作为自然的“天”相匹配，讲求天人合一，象天法地，天地人三才并育；在个人价值层面，中华文明认为个体生命的意义和价值要与家庭、国家和社会目标的实现紧密融合。这些价值体现在诸多传统文化典籍中，例如儒家经典《大学》就提出，“大学之道，在明明德，在亲民，在止于至善”，“古之欲明明德于天下者，先治其国；欲治其国者，先齐其家；欲齐其家者，先修其身；欲修其身者，先正其心；欲正其心者，先诚其意；欲诚其意者，先致其知，致知在格物。物格而后知至，知至而后意诚，意诚而后心正，心正而后身修，身修而后家齐，家齐而后国治，国治而后天下平”①，其中的“格物、致知、诚意、正心、修身、齐家、治国、平天下”千百年来一直就是中国人奋斗修身的准则，影响不可谓不深远。

中华优秀传统文化为治国理政提供了丰富的历史镜鉴和智慧启迪。在世界各民族中，中华民族具有深厚的史学传统，以史为鉴的观念深深烙印在中华民族的心灵深处。在悠久的历史进程中，中华民族总结提炼出了丰富的治国理政经验，为国家治理提供了借鉴和遵循。2013 年 12 月，习近平总书记在纪念毛泽东同志诞辰 120 周年座谈会上的讲话中指出，历史就是历史，历史不能任意选择，一个民族的历史是一个民族安身立命的基础。不论发生过什么波折和曲折，不论出现过什么苦难和困难，中华民族 5000 多年的文明史，中国人民近代以来 170 多年的斗争史，中国共产党 90 多年的奋斗史，中华人民共和国 60 多年的发展史，都是人民书写的历史。

① 礼记·大学［M］//礼记训纂．宋彬撰，饶钦农，点校．北京：中华书局，1996：866.

历史总是向前发展的，我们总结和吸取历史教训，目的是以史为鉴、更好前进[①]。习近平总书记对中华优秀传统文化中蕴含的丰富思想资源做过较为全面的总结，并曾使用多个“关于”来加以列举，如关于道法自然、天人合一的思想，关于天下为公、大同世界的思想，关于自强不息、厚德载物的思想，关于以民为本、安民富民乐民的思想，关于为政以德、政者正也的思想，关于苟日新日日新又日新、革故鼎新、与时俱进的思想，关于脚踏实地、实事求是的思想，关于经世致用、知行合一、躬行实践的思想，关于集思广益、博施众利、群策群力的思想，关于仁者爱人、以德立人的思想，关于以诚待人、讲信修睦的思想，关于清廉从政、勤勉奉公的思想，关于俭约自守、力戒奢华的思想，关于中和、泰和、求同存异、和而不同、和谐相处的思想，关于安不忘危、存不忘亡、治不忘乱、居安思危的思想，等等[②]。历史是最好的老师。在漫长的历史进程中，中华民族创造了独树一帜的灿烂文化，积累了丰富的治国理政经验，其中既包括升平之世社会发展进步的成功经验，也有衰乱之世社会动荡的深刻教训。我国古代主张民惟邦本、政得其民，礼法合治、德主刑辅，为政之要莫先于得人、治国先治吏，为政以德、正己修身，居安思危、改易更化，等等，这些都能给人们以重要启示[③]。所以，中华优秀传统文化的精神血脉需要

---

① 参见习近平．在纪念毛泽东同志诞辰 120 周年座谈会上的讲话［EB/OL］．［2013-12-26］．http：//news. xinhuanet. com/politics/2013-12/26/c_ 118723453. htm.

② 习近平．在纪念孔子诞辰 2565 周年国际学术研讨会暨国际儒学联合会第五届会员大会开幕会上的讲话［EB/OL］．［2014-09-24］．http：//news. xinhuanet. com/politics/2014-09/24/c_ 1112612018. htm.

③ 习近平．紧紧围绕坚持和发展中国特色社会主义，学习宣传贯彻党的十八大精神——在十八届中共中央政治局第一次集体学习时的讲话［EB/OL］．［2012-11-19］．http：//news. xinhuanet. com/2012-11/19/c_ 123967017. htm.

人们薪火相传、代代守护，也需要与时俱进、推陈出新。传统文化需要同中国的现代化进程有效结合起来，使中华民族最基本的文化基因同当代中国文化相适应、同现代社会相协调，把跨越时空、超越国界、富有永恒魅力、具有当代价值的文化精神弘扬开来，激活其内在的强大生命力，让中华文化同各国人民创造的多彩文化一道，为人类提供正确精神指引。

第三节　传承和弘扬中华优秀传统文化

从战略要求上看，对待中华传统文化，要坚持辩证唯物主义的观点，要扬弃地继承传统文化，既看到中华传统文化的时代价值和思想精华，又看到传统文化所具有的历史局限性。按照辩证唯物主义的观点对待中华传统文化是应有的正确态度和原则。中华优秀传统文化是中华民族的精神命脉，是涵养社会主义核心价值观的重要源泉，也是我们在世界文化激荡中站稳脚跟的坚实根基①。传承和弘扬中华优秀传统文化是国家文化发展战略的必然措施，抛弃传统、丢掉根本，就等于割断了自己的精神命脉，要在世界文化竞争中站稳脚跟、引领风潮，就必须自觉传承和保护中华优秀传统文化②。2014 年 9 月，习近平总书记《在纪念孔子诞辰 2565 周年国际学术研讨会暨国际儒学联合会第五届会员大会开幕会上的讲话》中提出，“要坚持古为今用、以古鉴今，坚持有鉴别的对待、有扬弃的继承，而不

---

① 习近平．在文艺工作座谈会上的讲话［EB/OL］．［2014-10-15］．http：//news. xinhuanet. com/2015-10/14/c_ 1116825558. htm.

② 习近平．使社会主义核心价值观的影响像空气一样无所不在［EB/OL］．［2014-02-25］．http：//news. xinhuanet. com/politics/2014-02/25/c_ 119499523. htm.

能搞厚古薄今、以古非今，努力实现传统文化的创造性转化、创新性发展，使之与现实文化相融相通，共同服务以文化人的时代任务”①。

可见，习近平总书记多次强调的“创造性转化、创新性发展”方针，旨在推动传统文化与现实文化相融相通，让优秀传统文化发挥出时代价值。中华优秀传统文化在当前焕发出新时代的光芒，这是当代不断增强文化自信和价值观自信的基础和前提。从方法论意义上看，对历史文化特别是先人传承下来的价值理念和道德规范，要坚持古为今用、推陈出新，有鉴别地加以对待，有扬弃地予以继承，努力用中华民族创造的一切精神财富来以文化人、以文育人②。中华优秀传统文化对当代社会发展和民众心理的影响主要体现在价值观层面。习近平总书记特别重视中华传统美德对于社会主义核心价值观的滋养和支撑作用，他强调，“要继承和弘扬我国人民在长期实践中培育和形成的传统美德，坚持马克思主义道德观、坚持社会主义道德观，在去粗取精、去伪存真的基础上，坚持古为今用、推陈出新，努力实现中华传统美德的创造性转化、创新性发展，引导人们向往和追求讲道德、尊道德、守道德的生活，让 13 亿人的每一分子都成为传播中华美德、中华文化的主体”③。中华民族在长期实践中培育和形成了独特的思想理念和道德规范，有崇仁爱、重民本、守诚信、讲辩证、尚和合、求大同等思想，有自强不息、敬业乐群、扶正扬善、扶危济困、见义

① 习近平．在纪念孔子诞辰 2565 周年国际学术研讨会暨国际儒学联合会第五届会员大会开幕会上的讲话［EB/OL］．［2014-09-24］．http：//news. xinhuanet. com/politics/2014-09/24/c_ 1112612018. htm.

② 中共中央政治局进行第十三次集体学习，习近平主持［EB/OL］．［2014-02-25］．http：//www. gov. cn/ldhd/2014-02/25/content_ 2621669. htm.

③ 习近平主持中共中央政治局第十二次集体学习并发表重要讲话［EB/OL］．［2014-01-01］．http：//www. gov. cn/ldhd/2014-02/25/content_ 2621669. htm.

勇为、孝老爱亲等传统美德，中华优秀传统文化中很多思想理念和道德规范，不论过去还是现在，都有其永不褪色的价值①。另外，通过家风、家训进行传统美德的传承和培养，是中华传统文化的本色。习近平总书记高度重视家风、家训在传承传统美德和淳化社会风气领域的重要作用，他指出，“家庭是社会的基本细胞，是人生的第一所学校。不论时代发生多大变化，不论生活格局发生多大变化，我们都要重视家庭建设，注重家庭、注重家教、注重家风，紧密结合培育和弘扬社会主义核心价值观，发扬光大中华民族传统家庭美德，促进家庭和睦，促进亲人相亲相爱，促进下一代健康成长，促进老年人老有所养，使千千万万个家庭成为国家发展、民族进步、社会和谐的重要基点”②。

在对中华优秀传统文化进行创造性转化方面，需要不拘常规，勇于开拓。中国拥有 5000 多年文明史，博大精深、源远流长，中华优秀传统文化是我国文化软实力取之不尽用之不竭的思想源泉。它既是全国各族人民交流融合而形成的精神财富，也是中华文明与其他文明交流互鉴而形成的优秀成果，包含着具有鲜明民族特色并能够体现时代精神的价值追求和生存智慧。中华传统文化可以延续至今，就是由于它能够不断地进行创造性转化，“儒家思想和中国历史上存在的其他学说都是与时迁移、应物变化的，都是顺应中国社会发展和时代前进的要求而不断发展更新的，因而具

---

① 习近平．在文艺工作座谈会上的讲话［EB/OL］．［2015-10-14］．http：//news. xinhuanet. com/politics/2015-10/14/c_ 1116825558. htm.

② 习近平．在 2015 年春节团拜会上的讲话［EB/OL］．［2015-02-17］．http：//news. xinhuanet. com/2015-02/17/c_ 1114401712. htm.

有长久的生命力”[①]。2014 年，习近平总书记在巴黎联合国教科文组织总部的演讲中指出，“每一种文明都延续着一个国家和民族的精神血脉，既需要薪火相传、代代守护，更需要与时俱进、勇于创新。中国人民在实现中国梦的进程中，将按照时代的新进步，推动中华文明创造性转化和创新性发展，激活其生命力，把跨越时空、超越国度、富有永恒魅力、具有当代价值的文化精神弘扬起来”[②]。实现中华传统文化创造性转化，需要根据时代的要求，赋予传统文化以新的内涵和意义，使其能够回应时代的要求，解决时代问题和挑战，成为当代文明的有机组成部分。创造性转化就是要将弘扬优秀传统文化和发展现实文化有机统一起来，在继承中发展，在发展中继承。文化只有在继承中才能够源远流长，只有在不断发展中适应新的时代要求才能够长久传承。要坚持辩证唯物主义和历史唯物主义，秉持客观、科学、礼敬的态度，取其精华、去其糟粕，扬弃继承、转化创新，不复古泥古，不简单否定，不断赋予其以新的时代内涵和现代表达形式，不断补充、拓展、完善，使中华民族最基本的文化基因与当代文化相适应、与现代社会相协调[③]。

在对中华优秀传统文化进行创新性发展方面，需要锐意进取，与时俱进。实现中华优秀传统文化的创新性发展，就是丰富和创新中华民族独特的精神标识，就是通过中华文明的价值理念创新、学科话语创新和发展道

① 习近平．在纪念孔子诞辰 2565 周年国际学术研讨会暨国际儒学联合会第五届会员大会开幕会上的讲话［EB/OL］．［2014-09-24］．http：//news. xinhuanet. com/politics/2014-09/24/c_ 1112612018. htm.

② 习近平在联合国教科文组织总部的演讲［N］．人民日报，2014-03-28（03）．

③ 中共中央办公厅，国务院办公厅．关于实施中华优秀传统文化传承发展工程的意见［N］．人民日报，2017-01-26（06）．

路创新，开创中华文明的新辉煌和新高度。中华文明的价值理念创新，就是要完善传统价值表达机制，通过改造形式、增补扩充、规范完善等方法赋予传统价值观新的时代内涵，实现传统话语转换，从而借鉴和利用古代经验和智慧有效解决现实社会中的具体问题。中华文明的学科话语创新，就是要立足中华民族独特的精神标识，紧扣中华民族伟大复兴中的时代挑战和重大现实问题，开创立足中国问题和中国风格、属于中国创新的人文社会科学研究的范式体系和话语体系，从而树立中国学术思想在全球哲学社会科学发展中的应有地位。中华文明的发展道路创新，就是要立足中华优秀传统文化的核心价值体系，广泛吸收人类政治、经济、社会、文化、生态文明等领域的实践经验，走社会发展和民族复兴的中国道路，从而为全球治理和人类命运共同体提供富于吸引力的中国创新和中国方案。习近平总书记指出，“文化自信，是更基础、更广泛、更深厚的自信。在5000多年文明发展中孕育的中华优秀传统文化，在党和人民伟大斗争中孕育的革命文化和社会主义先进文化，积淀着中华民族最深层的精神追求，代表着中华民族独特的精神标识”①。推动中华优秀传统文化的创新性发展，就是要在借鉴人类一切先进文明的基础上，用当代哲学社会科学理论，对优秀传统文化进行理论化、体系化的建构和阐释，使之能够回应中华民族伟大复兴所面对的时代问题，从而更好地服务于中华民族的伟大复兴，丰富当代中华文明和人类文明的思想宝库。

总之，继承和弘扬传统文化要在马克思主义指导下，立足当代现实，

① 习近平．在庆祝中国共产党成立95周年大会上的讲话［EB/OL］．［2016-07-01］．http：//news. xinhuanet. com/politics/2016-07/01/c_ 1119150660. htm.

对传统文化进行创造性转化和创新性发展，使其成为人类当代先进文化的一部分。继承传统不是教条性地复述传统，而是在尊重传统的前提下批判性地继承传统，在批判的基础上推动文化发展与创新。历史都是带着过去走向未来的，中华优秀传统文化也是如此。走向未来的过程必定是一个自我批判、自我更新的过程，传统文化只有在不断创新中才具有永久的生命力，才可以命脉相延，为中华文明开创新高度。

第四章

文化安全是战略关键：建设具有强大凝聚力和引领力的社会主义意识形态

能否做好意识形态工作，事关党的前途命运，事关国家长治久安，事关民族凝聚力和向心力。

——习近平

意识形态是社会中与经济、政治等直接相联系的观念、思想、态度等总和。它包括了社会中的多种意识形式或制度安排，如政治法律思想、道德伦理、艺术、宗教、哲学等，它们是在社会价值观的渗透与影响下，使人们行为方式合理化的各种知识、习惯、准则和行为规范。从本质上来说，意识形态是一个社会经济基础和政治制度发展水平的体现。马克思指出："思想、观念、意识的生产最初是直接与人们的物质活动，与人们的物质交往，与现实生活的语言交织在一起的。人们的想象、思维、精神交往在这里还是人们物质行动的直接产物。表现在某一民族的政治、法律、道德、宗教、形而上学等的语言中的精神生产也是这样。人们是自己的观念、思想等的生产者……意识在任何时候都只能是被意识到了的存在，而人们的存在就是他们的现实生活过程。"[①] 意识形态是国家特性的重要表现形式，是一国区别于他国的标志之一，它不仅深刻地反映着一个社会经济政治发展的整体面貌，也为国家提供区分是非、好坏或善恶的标准，将程度不同地影响到国家利益的判断，并最终成为国家利益的组成部分。在经济全球化的世界大市场中，"意识形态国界"日益凸显重要，"经济国界"日渐模糊。意识形态不仅是民族自立与承续的灵魂，同时也是决定一个社会是否能够有序运行的"软件"。意识形态决定一个社会的基本状态，引领一个国家与民族的发展方向。只有保住本国的意识形态，才能保持住自信与尊严，国家才能发展，才有国家利益可言。文化是意识形态的表现形式。在世界上，经济全球化的发展表现出不同民族与国家通过文化在意识形态方面的相互激荡斗争，并呈现出意识形态载体和意识形态传播多样化

① 马克思恩格斯选集：第 1 卷［M］. 北京：人民出版社，1995：72.

等诸多特点。

党的十八大以来，习近平总书记多次强调“我们正在进行具有许多新的历史特点的伟大斗争，面临的挑战和困难前所未有，必须坚持巩固壮大主流思想舆论，弘扬主旋律，传播正能量，激发全社会团结奋进的强大力量”。习近平总书记紧紧围绕坚持和发展中国特色社会主义，站在党和国家全局高度，对意识形态工作作出了一系列重要论述，提出了一系列新思想、新观点、新论断，深刻阐明了意识形态工作“为什么”“干什么”“怎么干”等基本问题，为做好新形势下意识形态工作提供了基本遵循和科学指南。

第一节　意识形态工作极端重要

意识形态是国家经济政治制度在观念体系和文化领域的集中体现，意识形态工作是国家治理和政治运行的重要内容。对于当代中国而言，意识形态工作是建设中国特色社会主义文化强国战略的重要组成部分，关乎经济社会发展的和谐稳定，关乎国家的民心向背以及文化软实力的提升。党和政府高度重视意识形态工作，党的十八大以来，习近平总书记以战略家的高度，结合国际国内的复杂形势，多次强调了意识形态工作的重要性和紧迫性，形成了对当前思想文化领域建设的科学判断。

从全球发展的大格局来看，意识形态问题是我国社会发展的思想基础与理论前提。意识形态体现的是国家发展的旗帜与道路，古今中外，各个历史时期，不同国家与民族都有着自己的主流意识形态。在经济全球化、世界多极化发展趋势下，国际形势日趋复杂，思想文化领域的交流、交融和交锋不断呈现出新的特征。伴随世界信息化水平不断提高，新媒体技术日新月异，我国的意识形态问题也不断凸显出来。对此习近平总书记特别强调，“只要国内外大势没有发生根本变化，坚持以经济建设为中心就不能也不应该改变。这是坚持党的基本路线100年不动摇的根本要求，也是解决当代中国一切问题的根本要求。同时，只有物质文明建设和精神文明建设都搞好，国家物质力量和精神力量都增强，全国各族人民物质生活和精神生活都改善，中国特色社会主义事业才能顺利向前推进”①。改革开放以来，我国面临着一系列思想文化领域的挑战，意识形态安全成了最重要的方面。改革初期，我国经济体制从计划经济转向市场经济，人的观念也随之发生着改变。人生追求、政治价值、经济发展、文化传承等方面的一些不良观念日渐显现，消解并腐蚀着国家构建的主流社会主义意识形态，如果任其发展下去，必然会损害中国特色社会主义事业的发展，最终损害人民的根本利益。

2013年8月19日，习近平在全国宣传思想工作会议上特别指出，意识形态工作是党的一项极端重要的工作。总书记的这一判断是基于我国发展的具体现实而提出的。当社会主义主流意识形态淡化，错误观念不断弥漫，不良思想时有抬头时，就会极大地危害中国特色社会主义事业的健康发展，这不能不引起党和国家的高度重视。关于思想文化领域的这些问题，主要体现在以下几个方面。

一是马克思主义理论地位的弱化。改革开放以来，社会财富的快速增长刺激了人们对物质利益的追求。重物质轻精神、重经济轻文化、重科技

① 习近平．习近平谈治国理政［M］．北京：外文出版社，2014：153.

轻人文、重个体轻集体等倾向，导致以个人主义、拜金主义、消费主义等为特征的利益观和价值观不断抬头，不少人开始动摇对马克思主义的信仰，轻视、质疑甚至抵制马克思主义。思想文化领域的错误观念导致了信念的动摇和不坚定，直接影响到整个社会物质文明和精神文明的协调发展，如果不加以正确引导，必然会阻碍中国特色社会主义事业的顺利发展。

二是西方错误思潮的影响。改革开放以来，中国与世界的交往日益密切。开放的过程必然伴随思想文化的碰撞，各种社会发展观念与思潮不断涌入中国，影响着中国人民的内心世界和价值判断。在各种思想观念中，一些错误思潮带来了负面的影响，其中新自由主义作为经济制度在观念层面的反映，对我意识形态领域的影响最大。新自由主义本质上是维护资本主义和私有制发展的意识形态，并且旗帜鲜明地反对社会主义、集体主义以及公有制。它在经济层面倡导社会全面私有化以及经济绝对自由化，在政治层面力主否定社会主义制度以及国家干预，这些都是与我国的主流意识形态相违背的。

三是社会主义核心价值观的缺失。改革开放以来，中国发展市场经济取得了重大的成就。与此同时，一些人难免会出现很多思想上的偏差和误区。面对物质金钱的巨大诱惑，消费主义、享乐主义不断盛行，追求眼前利益，忽略长远价值，社会上时有见利忘义、虚假欺骗、权钱交易、奢侈浪费等现象发生。社会主义所提倡的诚信、友善、节俭、奉献等价值被某些人淡忘，他们理想信念模糊，个人追求迷茫，社会主义的核心价值观和道德观也因此受到了重大的冲击。

以上三个方面突出反映了当前我国意识形态工作中的主要问题。历史唯物主义告诉我们，意识形态对社会存在和经济基础具有重大的反作用，不良思潮和错误观念势必会阻碍中国特色社会主义事业的发展，危害到中国共产党的执政基础和人民当家作主的根本地位。与此同时，意识形态问题的背后是中国经济社会发展所面临的一系列严峻挑战，这是中国现代化建设事业进入新的历史阶段、在世界和平与发展的大背景下必然要应对的局面。首先，是如何有效应对市场化带来的巨大转变。自党的十四大正式确立了社会主义市场经济体制以来，市场化的改革在取得巨大经济成就的同时，也冲击着传统的意识形态，消解和改变着人们的价值观念、生活方式以及行为准则。一方面，市场化进程提高了资源配置的效率，激发了经济建设的活力，培养了人们竞争和进取的精神；另一方面，它也对精神文明建设提出了重大的挑战，如何处理好经济意识提升和社会道德建设之间的关系，如何处理好个人利益和社会公义之间的关系等都成了当前应着力解决的重要问题。其次，是如何正确应对多元文化带来的重要影响。放眼世界，不同的国家和民族都有着自身发展的路径，并展现出不同的发展特色和文化形态。随着经贸往来和国际交往的日益频繁，世界不同国家和民族之间的文化交流不断增多。以美国为首的西方发达国家并没有停止意识形态领域的外攻，并将自己的政治价值理念以“普世价值”的面目进行世界范围内的兜售，企图在思想文化领域中抢夺话语权和领导权，为最终实现自身的世界利益奠定广泛的社会心理基础。所以，在当今文化已成为意识形态的重要载体的前提下，西方国家为了有效输出其思想价值观念，不断利用先进的科技手段和信息技术，抢占我国的思想文化市场，借以推行其文化价值的输出战略，这样必然会导致我们国内马克思主义主流意识形态淡化等后果。最后，是如何合理应对全球化的世界发展趋势。全球化作为20世纪80年代以来在全世界范围内加速发展的趋势，以弱化“国家边界”和“地缘限制”并以经济的互相合作和密切依赖为核心，是一种在政治、文化、科技、军事、安全、生活方式、意识形态、价值观念等各个层面、多个领域相互联系、相互影响、相互制约的综合性概念。长期以来，全球化是在以美国为主的西方国家主导下的国际秩序的全球化。在经济开放、交流的过程中，西方强大的经济优势带来其在文化上的伸张也在消解着我国的主流意识形态，使得国内部分民众民族认同感下降、国家意识淡薄。与此同时，以新兴网络信息技术为基础的信息全球化也在改变着意识形态阵地争夺的方式和手段。在这样的形势下，如何推进社会主义精神文明建设，促进思想文化领域的健康发展，维护国家意识形态安全成了当前我国意识形态工作面临的重大挑战。

正确理解当代中国的意识形态问题，关键在于深刻认识到“极端重要”这一战略定位。该定位是对当前意识形态工作的现实基础的科学判断，是今后一段时期文化建设和思想宣传的基本遵循和价值目标。中国特色社会主义事业的发展正面临着前所未有的国际国内复杂形势，习近平总书记强调，能否做好意识形态工作，事关党的前途命运，事关国家长治久安，事关民族凝聚力和向心力。“极端重要”的战略定位主要包括以下几个方面的基础和前提。

第一，意识形态问题将会长期存在，并成为思想文化领域中的突出问题。20世纪90年代，随着东欧剧变和苏联解体，全世界的社会主义运动陷入低潮。西方为此欢呼雀跃整个世界格局的转变，一时间关于“意识形态终结”“意识形态趋同”等论调此起彼伏，似乎以美国等发达国家为模板的经济发展方式和政治组织原则成了全世界的“教科书”，并且在全世界范围内获得了众多的拥趸和应和。这种观念也随着中国学习借鉴西方的浪潮中传入国内，国人如果不加以认真思考和仔细甄别，就很容易被其光鲜的外表所迷惑。事实上，随着新兴媒体和信息技术的不断发展，这种观念也确实呈现出蔓延之势，在中国的思想文化领域产生了巨大的负面影响，必须引起高度的关注和重视，否则必将导致思想文化上的灾难。究其本质而言，意识形态作为国家的主流观念体系是无法实现全世界趋同的，在现实中也根本无法找到两个文化基础和现实利益完全一致的国家。事实上，鼓吹“意识形态终结”的人往往是美国等发达国家“文化霸权主义”的支持者，他们试图诱导和威逼大众相信并接受他们的发展模式。然而，综观整个当代世界发展趋势，每个国家和民族都有选择适合其自身发展道路的权利，每一种道路都是独特且应受到尊重的，任何外部力量都不应该干涉和破坏。然而，以美国为首的一些发达国家却正在用“文化渗透”和“意识形态外攻”等方式来维护其在全世界范围内的利益，炮制着“美好世界”的幻想，通过文化手段让发展中国家和弱小民族失去文化主心骨和独立思考的能力……这些问题既是文化和意识形态问题，也是国家利益和国际关系问题，它们将长期存在并不断以新的发展形式呈现出来，必须引起高度重视。

第二，我国的意识形态工作取得了巨大的进步，但仍存在着很多不足。党的十八大以来，我国的思想文化领域的问题得到了更加充分的重视。习近平总书记提出的“理论自信、制度自信、道路自信、文化自信”等重要思想不断深入人心，全国各族人民自觉接受、自觉拥护我们党和国家的各项方针政策。中华民族伟大复兴的中国梦凝聚了世界中华儿女最广泛的共识，社会主义核心价值观赢得了国内民众最广泛的思想认同、理论认同和情感认同。国内的文化产业在注重经济效益的同时，也越来越注重社会效益。一些文化企业率先垂范，制作、生产、研究和演绎能够代表中国精神、凝聚中国力量、鼓舞中国士气的优秀文艺作品，不断弘扬中国优秀传统文化，展示中国高尚风采，发出中国进步声音，传播、宣传中国的价值观念和国际形象。与此同时，国内的公共文化服务也日趋专业化和体系化，人民群众的精神文化需求开始不断增加，各种公益性质的文化产品和服务开始走进千家万户，中国特色社会主义的意识形态和主流价值不断深入人心，方式和手段也日趋多样化。在这种大好形势下，我们也必须清醒地意识到，我国的思想文化领域仍旧有着很多值得引起高度关注的问题，并在新的时期呈现出新的表现特征，最明显的就是错误思想通过新兴媒体肆意蔓延，别有用心的人企图借此进一步煽动和挑乱人们的思想观念和政治价值。当前，以互联网为基础，以各种信息平台和接收终端为手段的新兴传播方式，能够即时、互动以及跨国跨地域地实现信息海量传播。有人利用这点通过对事情的歪曲和夸大，实现“以小博大”的有害政治宣传。中国共产党之所以能够成为带领全国人民实现中华民族伟大复兴的执政党，就在于它有着最广泛的群众拥护和执政基础。习近平总书记多次强调这个基础的重要性，并明确指出如果精神上丧失群众基础，最后必然会出问题。建党百年来，中国共产党一直高度重视和善于做好思想宣教和意识形态工作，从革命年代“笔杆子”的斗争，到改革开放以来精神文明的建设以及舆论阵地的引领，党的思想方法和工作水平都在不断提升。面对当前信息时代的新问题，中国共产党也必须进一步发扬党的宣传优良传统，广泛依靠人民群众，不断找准问题的实质和原因，不断改善工作的方式方法，在信息化、网络化和科技化时代的意识形态新斗争中取得最终的胜利。

第三，当前的意识形态工作仍旧任重道远，其艰巨性和复杂性超过以往任何时期。如果说经济发展和物质文明建设是社会进步的硬实力，那么思想文化领域的发展以及意识形态工作就是社会发展的软实力。历史经验证明，经济的发展并不必然带来社会稳定和政治繁荣，社会进步需要思想文化的有力支撑。习近平总书记强调，中国特色社会主义事业是前无古人的开创性事业，前进道路不可能一帆风顺，这需要准备进行具有许多新的历史特点的伟大斗争。伟大的事业和伟大的斗争都需要有旗帜鲜明的思想目标和价值观念作为引领，意识形态工作正是在肃清思想、纠正偏差上所作的各种努力。举什么旗、走什么路，关系到中国特色社会主义事业的健康发展和顺利进行。当前的世界形势日趋复杂，多极化的世界格局、国家间的利益博弈等都加剧了国家发展的风险和不确定因素。一方面，我们要看到国家发展的主流趋势向好；另一方面，我们也要看到不少人，甚至一些领导干部也公然诬蔑、造谣甚至诋毁党的方针、政策和基本路线。一些人崇洋媚外，不加甄别，固执地追逐、崇尚西方的社会科学理论和政治组织方式并引以为荣。与此同时，少数别有用心的人抢占舆论风口，使用“杜撰历史、炮制事件、丑化榜样”等卑劣的方式曲解或者杜撰子虚乌有的历史情节，消费花边新闻，将严肃的社会新闻娱乐化，炒作热门话题，将合法的党政行为解读为阴谋斗争，等等。有些人还将党的不同历史时期的人物加以演绎和丑化，抹杀中国共产党的历史功绩，质疑党的执政合法性，导致历史虚无主义不断抬头。有些人夸大和渲染我国经济社会发展中的一些问题，误导人们以使其放弃爱国意识、组织纪律和敬业精神，并且不断消解和冲淡人们对共产主义的理想信念和目标追求。现在，一些错误思潮和观点时有出现，有的甚至把我们的改革开放成就说成是学习西方制度模式的结果，有意把我们的发展与社会制度和意识形态的作用割裂开来，企图搞乱思想、搞乱人心，否定中国特色社会主义这面旗帜。种种行为无不表明，当前意识形态工作任务艰巨，要扭转局面，打击错误思潮任重而道远。习近平总书记强调，一个政权的瓦解往往是从思想领域开始的，政治动荡、政权更迭可能在一夜之间发生，但思想演化是个长期过程。思想防线被攻破了，其他防线就很难守住。在新的历史起点上坚持和发展中国特色社会主义是党面临的“赶考”的继续。形势越复杂、任务越艰巨，就越需要加强意识形态工作，筑牢思想防线。

第二节　牢牢掌握意识形态工作领导权

党的十一届三中全会以来，我国确立了以经济建设为中心的基本路线，经济发展、人民生活水平提高成了社会发展的基础与核心。与此同时，精神文明建设是构筑中国人心中的思想长城，能够为经济发展保驾护航并提供重要的道德支撑。在精神文明建设中，意识形态工作是最关键和最核心的部分，它事关中国特色社会主义事业的方向、旗帜与路线，容不得有任何偏差和失误。

意识形态工作是一项长期且艰巨的任务，也是一项需要全国各级党员干部、广大人民群众一起努力、共同完成的重要任务，更是一项系统性、全方位的铸魂工程。在新的历史时期，我国的意识形态工作被赋予了更加清晰和具体的目标和要求，主要包括以下几个方面。

第一，意识形态工作的核心是坚持和巩固马克思主义的指导地位。中国特色社会主义事业的发展必须要以马克思主义作为指导，这是由中国发展的历史选择和现实要求所决定的。马克思主义产生于 19 世纪中期欧洲资本主义的土壤，是一整套关于消除私有制、消灭剥削、消除不合理的社会现实，从而实现人类解放和共产主义理想的科学理论。马克思主义从诞生之日起，就时刻关注和批判资本主义的发展，深刻揭示了资本主义种种弊端产生的根源，并力图从资本主义内部寻求一条现实可行的突围之路，以期实现最广大人民群众共同享有社会生产资料和一切可供发展的社会资源，共享社会成果和社会发展带来的福祉。不论是从理论本质还是现实目标而言，社会主义制度都优于资本主义制度。马克思主义成为我国意识形态中的指导思想，是我们必须坚持和贯彻的基本原则，是取得中国特色社会主义伟大事业胜利的法宝。回顾近代历史，中国错过工业革命，社会积贫积弱，加之晚清政府治理不当，西方列强的坚船利炮叩开国门，中国沦为半封建半殖民地的国家。国家未来发展堪忧，诸多仁人志士、宗派社团开始寻求拯救民族和国家危亡的新道路，留下了可歌可泣的英雄史诗。当然，历史和经验充分证明，只有当中国选择了马克思主义，只有在中国共产党的带领下，中国人民才能实现真正意义上的独立与解放；只有中国走上社会主义道路，才能实现真正的繁荣和富强。马克思主义作为中国特色社会主义事业的指导思想和基本原则，最根本的特征在于将马克思所倡导的科学社会主义理想变为现实，将最广大人民群众的根本利益摆在首位。马克思主义关于公有制、社会正义、消灭剥削和消除两极分化的思想正是中国特色社会主义理论、道路和制度的核心要义所在。

第二，意识形态工作的目标是巩固全党全国人民团结奋斗的共同思想基础。国家的建设与发展需要全社会的共同努力，凝心才能聚力，团结方可成事。意识形态工作的宗旨在于使全国各族人民统一发展思想，形成改革共识，高举中国特色社会主义的旗帜更坚定，坚持中国特色社会主义的道路不动摇。习近平总书记特别强调，“如果没有共同的核心价值观，一个民族、一个国家就会魂无定所、行无依归。为什么中华民族能够在几千年的历史长河中生生不息、薪火相传、顽强发展呢？很重要的一个原因就是中华民族有一脉相承的精神追求、精神特质、精神脉络”①。中国共产党的宗旨与目标是带领全国人民实现中华民族的伟大复兴，在前进的道路上，需要有共同的核心价值观，需要有共同的文化精神。改革开放以来，我国社会正处在思想大活跃、观念大碰撞、文化大交融的时代。随着各种社会思潮的冲击和观念的涌入，人们容易受到不良思想和观念的侵害、腐蚀，一些党员干部更是放松了警惕，丧失了党性，背弃了人民，走上了危害国家、分裂组织的犯罪道路。我们既不能走封闭僵化的老路，更不能走改旗易帜的邪路。所以，意识形态工作一刻也不能放松，经济的发展、政治的稳定须臾离不开健康的社会心态和良好的舆论环境。正确的观念是指导人们有序开展经济社会活动的基础，正确的共识是推动中国特色社会主义事业发展的前提。观念决定行动，教育塑造观念。意识形态工作就是通过各种有效的思想宣传和教育工作来不断地强化、巩固、培育、塑造人们的思想和观念。只有打造共同的思想基础，才能够取得中国特色社会主义各项事业的胜利。

第三，意识形态工作的方法是实事求是，审时度势，找准要点。工作

① 中共中央文献研究室．习近平总书记重要讲话文章选编［M］．北京：中央文献出版社，党建读物出版社，2016：198.

顺利展开的前提是拥有正确且可行的方法。意识形态工作是一项长期工程，面对的是人们的内心世界和精神家园。相较于其他类型的工作，思想宣传和教育工作更具有难度，更加需要方法的支持。习近平在全国思想工作会议上讲话时特别指出，“党的宣传思想工作一定要把围绕中心、服务大局作为基本职责，胸怀大局、把握大势、着眼大事，找准工作切入点和着力点，做到因事而谋、应势而动、顺势而为”①。这里的“大局”讲的是中国特色社会主义的伟大事业，“胸怀大局”就是要求意识形态工作者心中随时都要装着建设中国特色社会主义伟大事业这个中心目标，一切工作都要围绕这个目标展开；“大势”讲的是经济社会中的重要发展趋向，“把握大势”就是要求一切工作都要认清局势，按照经济发展规律和社会发展规律行事；“大事”指的是在多元复杂的社会局面中分清主要矛盾和次要矛盾，“着眼大事”就是要善于统筹和辨别各种不同性质的矛盾，积极找到应对的方法和举措。习近平提出的“因事而谋、应势而动、顺势而为”三大原则，高度凝练地指明了意识形态工作的基本方法：实事求是，具体情况具体分析；审时度势，认清形势作出判断；找准要点，根据规律开展工作。

做好意识形态工作，明确目标和要求是基础；而要做到对目标和要求的准确把握和深刻理解，则需要认清意识形态工作的重要地位和价值。在具体实践中，要能够积极地处理好以下几个重要的关系。

第一，意识形态工作与文化发展之间的关系。意识形态工作是国家思想宣传工作的重要内容，也是国家文化发展中不可或缺的组成部分。意识形态工作强调的是文化精神和社会价值观的构建及其传播，而这正是国家

---

① 习近平．习近平谈治国理政［M］．北京：外文出版社，2014：153.

文化建设最为核心的部分之一。国家文化建设包括文化体制改革、文化产业发展、文化市场体系的培育、文化公共服务体系的建立健全等各个方面，这些工作不仅涉及为全社会创造经济效益，还承担着创造社会效益的重要使命。国家的文化发展不仅要创造物质文明，而且要不断满足全国各族人民的精神需要，引领社会风气、塑造社会价值、弘扬中国精神。中国共产党从来不回避意识形态问题，在文化发展过程中，特别强调要坚持中国特色社会主义的方向，坚持以人民为中心，积极培育和践行社会主义核心价值观。意识形态工作需要通过国家的文化建设来不断提升效果、增强影响，而文化建设也需要意识形态工作来坚定方向、保持本色。我们应该清醒地看到，当前世界范围内思想文化领域的交锋十分激烈，保持和发展好本国的文化精神和社会价值观是一个国家经济社会发展的思想基础，也是国家安全的前提。当前，少数欧美发达国家的政府和团体仍旧抱有陈旧的冷战思维，不断进行各种形式的意识形态外攻，试图通过世界范围内的文化贸易、文化产品输出等进行更加隐蔽的价值宣传和政治鼓动，从而使发展中国家的人民对自己民族国家的政治制度和发展方式产生怀疑，最终为实现自身在全球范围内的利益扫清思想障碍。事实上，每一个国家和民族都有选择自己发展道路的权利，每一种道路都值得尊重，欧美发达国家的模式不能作为说服、劝教他国跟从的样本，发展中国家的历史与现状也不能成为被歪曲和丑化的对象。任何通过文化方式进行政治观和价值观的颠覆和渗透，都是霸权主义行径和干涉他国内政的行为。意识形态工作和国家文化发展之间有着十分紧密的关系，两者不能简单地分开理解，前者必须通过各种文化活动、文化产品和服务体现出来，后者则需要前者不断地努力，以确保方向和道路的正确。

第二，意识形态工作与经济建设之间的关系。坚持以经济建设为中心，是当前国家发展的基本遵循。意识形态工作是针对思想心理层面的工作，它为经济建设保驾护航，确保国家经济社会坚持中国特色社会主义的原则和方向不动摇。究其本质而言，意识形态工作通过提供一种正确的价值观念，能强有力地约束市场主体，促使市场主体的行为从实然走向应然，淡化机会主义行为，减少交易成本，提高资源配置效益，促进经济发展。改革开放以来，我国经济建设中存在淡化意识形态的倾向，表现为市场主体行为的失范、经济与道德的冲突、个体与整体的价值冲突，等等。这不仅是市场主体本身的道德问题，更重要的，是作为一种非正式制度安排的主流意识形态的淡化从而导致市场主体的行为步入歧途的问题。在经济建设中，要加强社会主义意识形态教育，以公平公正的经济原则指导经济运行，规范市场秩序，提高资源配置效益。意识形态是减少其他制度安排成本的最重要的制度安排，它可以简化利益主体决策过程进而节约交易费用。社会主义主流意识形态地位的巩固和加强能为树立社会主义市场经济的权威、为社会主义市场经济的正常发展保驾护航。在我国完善社会主义市场经济体制的过程中，社会主义主流意识形态地位的巩固和加强，能规范市场主体行为，减少市场主体之间的摩擦成本，从而节省市场主体间的交易费用；能解决非市场机制的资源配置问题，从而提高市场经济积极、正常、有效运转的效率。意识形态是推动经济增长不可或缺的动力，我国社会主义意识形态的每一次范式变革都对我国经济转轨的路径和经济绩效的提高起到了重大的正面作用，直接推动了当代中国经济的高速发展。对于两者的关系，习近平特别强调指出，“在集中精力进行经济建设的同时，一刻也不能放松和削弱意识形态工作，必须把意识形态工作的领导权、管理权、话语权牢牢掌握在手中”①。

第三，意识形态工作与党性、人民性之间的关系。在意识形态工作中，党性、人民性是有机统一的，共同构成意识形态工作的理论基础。人民是意识形态工作的价值主体，坚持以人民为中心的意识形态建设，就是要把实现好、维护好、发展好最广大人民的根本利益作为出发点和落脚点，坚持以人为本，一切为了人民群众，一切服务人民群众。人民性强调人民的利益、需求和发展是党的各项宣传思想工作的价值依归和奋斗目标。在各项具体工作中，都要贯彻上述原则，要把服务群众和教育群众结合起来，把满足群众需求和引导群众不断提升欣赏水平、理解能力和精神素质结合起来。坚持党性，就是各项工作都要有明确的政治方向和坚定的政治立场，坚定宣传党的理论和路线方针政策，坚定宣传中央重大工作部署，坚定宣传中央关于形势的重大分析判断，坚决同党中央保持一致，坚决维护中央权威。从本质来看，坚持党性和坚持人民性是高度统一的，党的利益和人民的利益高度一致，党的发展目标就是实现最广大人民群众的利益。党性和人民性绝对不是抽象和空洞的概念和教条，而是落至实处的具体行动。没有脱离了党性的人民性，也没有脱离了人民性的党性。党的宗旨就是全心全意为人民服务，党的主张就是人民的心声，人民的心声只有在中国共产党的坚强领导下，通过人民群众的共同努力才能真正实现。所以，意识形态工作最重要的理论基础就是党性和人民性这两个根本特性，党性是组织原则和基本遵循，人民性是价值追求和奋斗目标。意识形态工作要不断取得新的成绩，就需要不断地研究如何保证这两种特性的充

① 中共中央宣传部．习近平总书记系列重要讲话读本［M］．北京：学习出版社，2016：193.

分发挥，以及如何确保这两者之间能够更加协同统一、共同促进。

第三节 完善坚持正确导向的舆论引导工作机制

在意识形态工作领域中，社会舆论是非常重要的思想阵地。舆论是社会中相当数量的人们对于一个特定话题所表达的观点、态度和信念的集合体，这些思想的汇聚直接促成了人们的价值判断、行为动机等，所以舆论一直是影响社会发展的重要力量。2016 年 2 月 19 日，习近平总书记在党的新闻舆论工作座谈会上特别强调，“做好党的新闻舆论工作，事关旗帜和道路，事关贯彻落实党的理论和路线方针政策，事关顺利推进党和国家各项事业，事关全党全国各族人民凝聚力和向心力，事关党和国家前途命运”①。意识形态工作的成败很大程度上取决于是否能够成功地引领舆论，掌握思想宣传工作的主动权和话语权。

中国是一个拥有 14 多亿人口的大国。随着大众传媒的高速发展，中国最广大的民众都能够很便利地生产、接收和交流传播各种思想信息，中国成为世界上规模最大、最活跃、最感性的舆论场。舆论是思想信息的流动，会直接或间接地影响人们的各种行为。对于中国来说，每天都会发生各种社会事件、时事新闻，如果信息传播领域缺少有效的规范与治理，那么这些日常事件就会在传播媒介的作用下，发生快速、海量以及放大效应的无序传播，从而导致重大的影响。在西方的传播理论中，媒体的社会影

① 中共中央文献研究室．习近平总书记重要讲话文章选编［M］．北京：中央文献出版社，2016：416.

响被高度重视，媒体也被西方思想界视为继“立法、司法、行政”之后的“第四权力”，是一种“社会公器”，它能够以难以估计的力量冲击人们的心灵。新闻媒介的信息传播究其本质而言，是有着鲜明的价值立场和利益诉求的。很多人认为新闻讲究客观性，那么新闻信息也就是绝对客观真实的，背后不会有主观因素在里面，是没有国家利益、价值立场、道德倾向的报道。这样的理解有着很大的误区，也是造成大多数人理解偏差的原因所在。事实上，所谓的新闻“真实客观”是有条件的，不能用理解自然科学的方式理解新闻信息，生产制造以及接受理解新闻信息的都是有思想有感情的人，任何新闻信息都会有其价值与目标。社会中的报刊、电台、电视台、网络等媒体都有着自身的传播特点，即使是简单的“议程设置”环节，即新闻信息的挑选以及报道频度的设置，都是某种价值输出或道德判断。正是由于媒介的这种特性，党中央从国家发展和政治稳定的战略高度提出了要充分重视新闻传播和舆论环境的具体要求，习近平同志强调“古今中外，任何政党要夺取和掌握政权，任何政党要实现长治久安，都必须抓好舆论工作。马克思主义政党历来把新闻舆论工作作为进行革命斗争的有力武器”。对于如何结合传播媒介的特点，牢牢坚持正确的舆论导向，做好意识形态工作，习近平从以下几个方面提出了具体的要求。

第一，要准确理解新闻媒体的意识形态属性与职责定位。新闻舆论是社会思想观念以及社会心理的体现，是意识形态的重要组成部分。习近平总书记多次强调舆论的重要作用，他特别指出，“历史和现实都告诉我们，舆论的力量绝不能小觑。舆论导向正确是党和人民之福，舆论导向错误是党和人民之祸。好的舆论可以成为发展的‘推进器’、民意的‘晴雨表’、社会的‘黏合剂’、道德的‘风向标’，不好的舆论可以成为民众的‘迷魂汤’、社会的‘分离器’、杀人的‘软刀子’、动乱的‘催化剂’”①。因此，做好党的新闻舆论工作，营造好的舆论环境，是治国理政、定国安邦的大事。新闻宣传一旦出了问题，舆论工具一旦不掌握在真正的马克思主义者手中，不按照党和人民的意志、利益进行舆论导向，就会带来严重的危害和巨大的损失。中国共产党的各项事业需要有良好的社会心态和舆论环境作为前提与基础，要凝心聚力，干好事业，就必须要引导好人民思想，而要引导好人民思想就要引导好社会舆论。所以，党的新闻舆论工作要坚持党性原则，坚持党对新闻舆论工作的领导，党媒必须姓党。要深刻认识到新闻媒体的意识形态属性，要准确把握好现代大众媒体的传播特性。党的新闻舆论媒体的所有工作，都要体现党的方针、政策、意志和主张，维护党的权威、维护党的团结，强化阵地意识、政权意识、政治意识。坚持党性和人民性的高度统一，把党的理论和路线方针政策变成人民群众的自觉行动，把服务群众同教育引导群众结合起来，把满足需求同提高素养结合起来，丰富人民精神世界，增强人民精神力量。

第二，要坚定树立马克思主义新闻观。新闻观是新闻舆论工作的灵魂，是从业者的基本遵循和根本立场。持有不同新闻观的人在对待新闻舆论工作的态度、方法和目标上是有着本质区别的。我们必须坚持的是马克思主义新闻观，它包括坚持新闻宣传工作的党性原则，坚持把正确的舆论导向放在首位，坚持为人民服务、为社会主义服务，坚持政治家办报办台，坚持新闻的人民性原则等方面。在新闻舆论工作中树立马克思主义新

① 中共中央文献研究室．习近平总书记重要讲话文章选编［M］．北京：中央文献出版社，2016：418.

闻观，是保证社会主义新闻事业健康发展的必然选择。马克思主义新闻观是开展各项工作的“定盘星”，只有牢牢坚持才不会在新闻事业中迷失方向、误入歧途。当前国际形势纷繁复杂，一些西方人士打着“自由、民主”的旗号，歪曲中国的新闻制度，公开宣扬媒体“社会公器论”“新闻自由论”等，恶意诋毁中国新闻事业取得的成就，攻击中国共产党的领导体制和我国的社会主义制度，在抹黑、丑化、妖魔化中国方面可谓无所不用其极。面对尖锐的新闻舆论领域的矛盾，只有确保马克思主义新闻观在党的新闻事业中的指导地位，使马克思主义新闻观成为广大新闻工作者的思想武器和行为准则，才能使广大新闻舆论工作者成为党的政策主张的传播者、时代风云的记录者、社会进步的推动者、公平正义的守望者，才能保证新闻舆论的主导权牢牢掌握在忠于党、忠于人民的新闻工作者手中，才能保证党的新闻事业永远沿着正确的方向前进。

第三，要牢牢坚持正确的舆论导向。良好的舆论环境需要进行不断的建设，只有舆论导向正确，才能凝聚人心、汇聚力量，推动事业发展。导向的基础就是要顾全大局，就是要围绕党和国家的中心工作，围绕地方党委和政府的中心工作，服务全党全国工作大局，服务经济社会发展大局。新闻舆论工作不能站在党和政府的对立面，而是要时时处处考虑报道可能带来的社会效果，做到所有工作都有利于坚持中国共产党的领导和我国的社会主义制度，有利于推动改革发展，有利于增进全国各族人民团结，有利于维护社会和谐稳定。“铁肩担道义，妙手著文章”，新闻舆论工作者要牢记使命，将坚持正确的舆论导向贯穿于各项具体工作、各个领域之中，勇于承担党和人民赋予的神圣的新闻传播使命，能够在化解社会矛盾、解决问题，在提供咨询、反映诉求、排忧解难，在凝聚人心、提升士气、鼓舞干劲，在因势利导、释疑解惑、理顺情绪等方面多动脑筋、多想办法。与此同时，新闻舆论工作者不仅要真实客观地进行报道，还需要积极传达正确的立场、观点、态度，引导人们分清对错、好坏、善恶、美丑，激发人们向上向善的精神力量。

新闻舆论工作是党的事业的有机组成部分，也是党治国理政的重要手段之一，运用新闻推动工作，实际上也成了一种领导水平和现代工作方法的表现。面对日趋复杂的国际国内形势，只有不断提高新闻舆论工作水平，才能更好地克服各种困难，应对各种工作局面，做好各项工作任务。习近平总书记在以下几个方面提出了具体的工作要求，成为开展新闻舆论工作的基本原则。

第一，要不断改善宣传舆论工作的方式方法。方式方法是在具体的工作实践中总结出来的经验和规律，是工作中应该遵循的方针和原则，是能够提高效率、促进成果的科学手段。新闻舆论工作要及时、准确地传递党和政府的方针、政策，捕捉和反映方针、政策执行过程中的各种信息，牢牢坚持以正面宣传为主的原则，这是团结稳定鼓劲、维护发展大局的必然要求。社会每天都有各种新闻事件发生，而积极正面的东西是社会的主流，消极负面的东西是支流，只有坚持正面宣传为主才能更好反映我们这个社会的本质和全貌。当前中国正处在改革发展的关键时期，面临的挑战和困难前所未有，全社会必须激发出昂扬的正能量，党的新闻舆论工作必须充分调动各方面的积极性、主动性、创造性，激发、凝聚全党全社会团结奋进、攻坚克难的强大力量。正面宣传还包括提高宣传的质量和水平，增强吸引力和感染力。宣传舆论工作不仅要积极正面地处理新闻事件，还要注意宣传的效果，多生产创造人民群众喜闻乐见、爱听爱看的节目，注重模式选择、形式突破、内容创新。媒体能够聚焦社会热点，通过媒体的传播能够将信息以巨大的效力影响社会。所以，从整个社会健康发展和有序运行的角度，新闻传播必须遵守基本的纪律和规则。正面宣传是符合社会进步要求的，弘扬真善美，打击假恶丑，将正面的意义通过媒体放大，将负面的效果减至最小。要使人民群众认识到社会发展的主流的好的价值，而不能将负面的效果无限放大，以此取代整个社会的面貌。所以，不论是新闻采集、撰写、编排还是发布等各个环节，都要贯彻这个原则。与此同时，在处理负面新闻报道时，应注意价值立场和情绪引导，既要有针砭时弊、揭露真相的勇气，也要注意用真诚和善意去感染和引导新闻舆论的基调。绝对不能够做老好人、不作为的人，而要做一个政治正确、旗帜鲜明、充满情感、正义果敢的新闻宣传者。

第二，要不断增强新闻舆论工作的针对性和融合性。针对性是指在新闻舆论工作中要进行科学的受众细分，根据不同群体的信息需求、接收特点以及认知规律来开展工作；要坚持问题导向，改革创新，讲求实效，创新理念、内容、体裁、形式、方法、业态、体制、机制等，牢牢掌握党的新闻舆论工作主动权。针对性强调的是形式丰富、手段多样，一个主题要有多种传播方法，形成多方位、多层次、多声部的主流舆论矩阵，实现传播效果的最大化，使受众各取所需，各得其所。在内容选择上，要注重议程设置，积极引导舆论话题，善于挖掘事实、提出概念、形成标识；要增强可读性，掌握时机、技巧和方法。同时，在市场化运作的社会环境中，媒体要创新管理方式，要区分好经营活动和新闻报道之间的界限，坚持采编和经营两分开、两加强，严格划定经营工作底线，规范开展经营活动。要抓紧探索实施特殊管理股制度，确保党对新闻媒体的主导权和管理权。

除了针对性，还要推进媒体融合性发展，要积极研究新媒体的规律和特点，善于抢占前沿阵地，善于利用新媒体与群众进行信息交流。要建立健全舆情收集反馈机制，加强内容监管，做好分析研判，有针对性地研究解决问题的措施，及时清理网络谣言和各类有害信息。要加强监督机制，教育和引导广大网民遵守网络秩序，文明理性上网，理性表达意见，增强辨别是非能力，打造良好的网络生态。

第三，要不断把握新闻舆论工作的时度效。时度效是衡量新闻舆论工作的基本标尺。时，就是时机。掌握时机是指对新闻舆论工作整个过程的关键时间节点有非常清晰的认识，能够及时有效地做好工作。度，就是力度、分寸。新闻报道需要造势，营造新闻表达的氛围，宣传过程中要把握好力度和广度，既不能夸大事实、哗众取宠，也不能歪曲事实、刻意迎合；要因地、因时制宜，准确掌握舆论引导的密度和尺度，既不把大事说小，也不把小事说大；要分清情况，看准局势，掌握分寸，把握火候，注意力道。效，就是效果、实效。效果是新闻舆论工作的核心，效果就是看能否得到群众的认可，能否形成社会共识。所以，在具体工作中，要时刻注意找准思想认识的共同点、情感交流的共鸣点、利益关系的交汇点、化解矛盾的切入点，不断提高工作实效。与此同时，还要能够通过对时度效的准确把握，来逐步增强新闻传播的国际话语权。新闻舆论工作要立足国内、放眼世界，讲好中国故事、传播中国声音、展示中国形象，为中华民族伟大复兴营造一个良好的舆论环境。所以，要不断借鉴世界先进经验，讲情感、重经验、懂技术、用方法，创新表达方式，研究认知规律，不断提升中国的国际影响力，让中国声音赢得国际社会的理解和认同。

第四，要不断优化新闻舆论工作的人才队伍。人才是开展各项工作最关键的因素，人才竞争也是媒体竞争的核心内容。中国共产党的新闻舆论工作，关键在于人的作用的发挥。中国特色社会主义的新闻事业，需要一批高素质的新闻队伍。中国共产党有着优良的新闻舆论工作传统，也积淀了宝贵的新闻舆论工作经验。一个优秀的新闻舆论工作者，首先，要有政治家办报的意识。要确立马克思主义新闻观，要有坚定的政治意识、大局意识、核心意识、看齐意识。要忠实宣传党的理论和路线方针政策，让党的主张成为时代的最强音。要严守党的政治纪律、宣传纪律和长期形成的规矩。要有政治定力，在大是大非面前能够坚持党性，敢于斗争。其次，要牢记社会责任。新闻舆论工作者肩负着神圣的社会使命和责任，是党的事业的一分子，是实现中华民族伟大复兴的重要参与者，一定要坚定立场，强化信念。再次，要提高业务能力。要掌握好专业知识和技能，完善知识结构，拓宽知识领域，善用现代科学技术和传播手段，打造复合型、专家型的新闻舆论工作者。最后，要转作风改文风。好的新闻报道，要靠好的作风文风来完成，要不断地形成正确优良的创作方法和传统，要深入群众、了解实情、理解基层、关心群众，同时要掌握方法，讲究语言艺术，使用大众喜闻乐见的形式展开宣传报道。另外，要不断深化新闻单位人事管理制度改革，推进新闻院系教学质量的提升，培养具有坚定的马克思主义新闻观的优秀人才。要加强新闻舆论工作者的道德修养和自律能力，抵制诱惑和社会不良风气。

第五，要不断加强党对新闻舆论工作的领导。党的新闻舆论工作是党的工作的重要组成部分，各级党委要自觉承担起政治责任和领导责任，主动谋划本地区本部门新闻舆论工作。党委领导要亲自抓新闻舆论工作，要加强党对媒体的指导调控。领导干部要多关注中央媒体，通过媒体深入把握党和国家的方针政策和工作部署，学习地方在工作中创造的有益经验；要真正懂媒体、用媒体，尊重媒体，尊重新闻传播规律；要把握新闻舆论工作的主动权，积极运用媒体宣讲政策主张、了解社情民意、发现矛盾问题、引导社会情绪、动员人民群众、推动实际工作。

第四节　积极推进意识形态工作的创新

创新是对传统的批判、继承与超越。面对不同的科学技术发展阶段以及国际国内政治经济环境，意识形态工作必然要进行新的调整与转变，以便能够积极地应对、解决新的挑战和新的问题。创新是意识形态工作保持科学性与合理性的关键核心，也是提高针对性和实效性的重要方法。

科技发展日新月异，当前新兴媒体的出现给人们的生活带来了巨大的改变。比起传统媒体，以互联网为基础的新兴媒体能够实现跨地域、跨国界、跨民族、跨身份的信息交互，能够实现多元化、无主体化、海量化、高速化的信息传播。网络空间已经成为一个虚拟社会，人们越来越多的时间会花在互联网活动之中。《中国互联网络发展状况统计报告》显示：截至 2020 年 3 月，中国有 9 亿多网民，近 9 亿手机上网用户，是世界上互联网使用人口最多的国家。网络生活已经成为一种新的生活方式。网络空间与现实社会有着巨大的区别。网络成了社会思想的交互平台，也成了舆论斗争的新战场，这给我国的意识形态工作带来了全新的挑战，主要体现在以下方面。

首先，网络信息技术给意识形态安全带来了新隐患。网络已经成为一个虚拟社会，不仅占据着人们越来越多的时间和精力，而且也深深影响、改变着人们的生活方式。我们看到，当前网络发展有着很明显的特点和趋势，即网络和计算机技术起源于欧美发达国家，全球的网络核心技术、软件硬件设备技术等也大都来自这些国家。利用这些垄断优势，欧美发达国家常常在网络活动中进行意识形态渗透，以获取其国家利益。同时，互联网领域仍旧缺少法律规范、平等秩序以及全球规则，不同国家和地区的信息鸿沟不断拉大，网络空间治理难度加大，一系列网络暴力、网络犯罪现象时有发生。网络信息技术安全成了全球发展新问题，也给今后的国际关系埋下了隐患。如何推动互联网全球治理体系的变革，建立和平、开放、合作、安全的网络空间，如何打造多变、民主、透明的全球互联网治理体系成了各个国家都需要面对的全球性问题。2016 年 11 有 16 日，国家主席习近平在第三届世界互联网大会开幕式上的视频讲话中特别指出，网络发展要以人类共同福祉为根本，坚持网络主权，推动互联网治理公正化，建立网络空间命运共同体的理念。信息化和网络安全成了辩证统一的整体。一方面，信息化的提高能够促进经济社会的快速发展，给各个领域带来高效率和高便利；另一方面，信息化的普及也意味着高风险的存在，各种安全隐患都会引起重大的经济政治的损失。在新的形势下，习近平总书记特别强调党和政府加强网络治理的突出重要性并指出，如果过不了互联网这一关，也就过不了长期执政这一关。他还指出，世界各国都要努力，一起推动网络治理，树立网络命运共同体的理念，共同维护网络安全。

其次，网络传播方式给意识形态工作提出了新要求。互联网和信息化是人类科学技术的重大飞跃。网络传播方式在认知方式、交往方式、生活方式等各个领域给人们带来了全面的、重大的、革命性的改变。20 世纪中期以电视为代表的新型大众媒体问世时，就已经让学者惊叹于它给社会带来的重大影响，发出了“子弹论”“注射论”的感叹，并逐渐发展出了现代新闻传播学理论。随着网络化、信息化的飞速发展，新兴媒体的传播效力和社会影响远远超过了电视等前一代大众媒体的影响，其效力远不止“子弹”和“注射”那么简单了，而是在广度、深度、力度、效度等方面都远远超过了传统媒体。如果说传统媒体还有固定的制作、生产、传播部门进行内容输出，有固定的受众群体的话，那么互联网新兴媒体则彻底打破了传播中主体客体的区分，其身份也随时发生着转换。诸多媒体成了自媒体，任何个体都能够有机会从信息的接收者变为信息的生产发布者。原先的地域限制、国家界限也被打破，实现了海量、多元的信息交互。于是，各种良莠不齐的信息、言论、思想和观点得以在网络上流传并影响着人们的观念和思想。网络传播的规范和立法已成了各国的当务之急，美国在这方面走在了世界的前面。1978 年以来，美国先后出台了《电信法》《通信内容端正法》等 130 多项涉及互联网管理的法律法规，明确规定了政府的审查权力，要求网络上不能进行宣传种族主义、恐怖主义等此类一切活动，不能传播威胁总统和国家安全的言论等。美国的做法有其值得借鉴之处。这表明，要推动网络立法，在有效规定网络参与者的权利与义务、把握好言论自由和妨害安全之间的尺度、减少人为色彩和主观尺度等方面，给意识形态工作带来新的要求。

最后，网络虚拟空间给意识形态发展指出了新方向。网络深刻地影响着人们的生活，这种影响很大程度上是由于网络所构筑的虚拟空间形成的。人们的现实生活空间不断地被这种虚拟的网络空间所挤占和压缩，并在这种空间中展开了新的生活方式。虚拟空间包括言论空间、游戏空间、购物空间、信息空间等不同的领域，每一个领域都与我们的现实生活紧密联系在一起，甚至根本没有办法区分开来。以言论空间为例，各种微博、微信、论坛、直播网站等都是言论的大舞台，人们无法在现实生活中进行的集中讨论和大型互动等都能够在线上完成。可见，网络很轻易地就形成了思想汇聚和言论传播的功能，一个论坛就是数万人的大课堂，一个直播就是几十万人的视频会议，一条微博就是几百上千万受众的广告……网络虚拟空间成了新的思想平台和舆论阵地。对此，当前的意识形态工作绝对不能远远围观、不闻不问，而是要充分掌握新兴媒体的传播规律，积极占领新的前沿阵地，掌握意识形态工作的主动权和话语权。我们看到，当前不少互联网商业网站，在市场经济竞争的压力下，在别有用心者的蛊惑下，为了实现利润最大化，为了达到不可告人的目的，无视社会责任和国家安全，肆意传播歪曲党和政府的言论，哗众取宠，恶意编造党群关系矛盾等事件，丑化党的历史和英雄人物；通过制造网络话题，纵容网络明星、公众大 V 等煽动网民情绪，以获得高的网络点击量和微博活跃度。一些执法管理部门要么缺乏经验，不懂管理，对意识形态新斗争的严峻性不敏感；要么混杂着各种复杂的利益纠葛，懒政怠政，对新出现的问题放任纵容，认为这些只是在虚拟空间中的表达，还没有产生任何现实的负面影响，因而没有引起必要的警觉和重视。这些都是非常危险的。网络虚拟空间是一个巨大的新领域，需要引起足够的重视。意识形态工作需要认真研究，转换观念，把握规律，牢牢掌握网络虚拟空间的工作主动权和话语权。

面对新的问题与挑战，需要新的理念和方法来应对。面对新形势的变化，习近平总书记指出，“有些做法过去有效，现在未必有效；有些过去不合时宜，现在却势在必行；有些过去不可逾越，现在则需要突破”①。他

① 中共中央宣传部．习近平总书记系列重要讲话读本［M］．北京：学习出版社，2016：196-197.

强调，宣传思想工作创新，重点要抓好理念创新、手段创新、基层工作创新。创新是破旧立新，是不墨守成规，是敢于直面挑战，是不断地研究规律寻找方法。唯有创新才是破解难题、克服困难的法宝。习近平总书记提出的三个创新，为今后意识形态工作指明了清晰的思路和方向。

第一，要抓好理念创新。理念创新，就是要打破思维定式，破除陈旧保守思路，不断实现思想新飞跃，在观念上积极地突破超越，从而打开工作新局面。理念是思维方式、价值观念、道德原则等一系列思想观念的总和，理念深刻地影响着人们行为处事。正确科学的理念能够积极地指导实际工作，形成正向的推动；反之就会造成工作停滞不前、落后低效等不利局面。欲成大事，观念先导。意识形态工作的基础和前提就是要树立先进、科学、正确的理念。人们一旦形成稳定的观念就会保持下去，不易发生改变，所以当形势发生变化时，观念就容易显得陈旧和不符合当前需要，因此要推动各项工作，就必先从观念转型开始。21 世纪以来，世界形势和国际格局等发生了巨大的变化，意识形态工作也必然随之发生重大的变化。传统灌输式、封闭式、居高临下式等工作观念已然不合时宜，取而代之的是现代引导式、交互性、开放式、情理式等工作观念。当代中国的意识形态工作，最核心的理念就是坚持党性和人民性的统一，坚持党的一切工作出发点和归宿都是全心全意为人民服务，坚持以人民的根本利益为最高准则，坚持胸怀大局、把握大势、着眼大事的工作理念，坚持转变二元对立，阐释好工作的思想原则，完善好工作的顶层设计。事实上，理念的改革是人心的改革、思想的改革，这在很大程度上也是最难的改革。器物性的改变调整相对容易，但是内心中的认同与遵循需要长时间的转变。所以，理念创新既是最难的创新，却也是最基础的创新，它决定着手段创新的效果和基层工作创新的目标，需要特别引起关注。

第二，要抓好手段创新。手段创新指对方式方法的调整与完善。“工欲善其事，必先利其器。”手段是现实层面、操作层面的不断优化，也是最能产生直接效果的环节，它既包括实物层面的工具，也包括非实物层面的方法。理念创新是前提，手段创新是根据理念创新的原则和要求进行的调整，是理念创新的现实体现和具体应用。理念的高度决定着手段的效度，手段的使用体现着理念的价值，二者缺一不可。当前，信息技术快速发展，传播渠道日趋多样，这些都给意识形态工作手段提出了新的要求。手段创新就是要积极探索宣传思想工作中的新难题，形成新举措新方法，充分适应现代信息传播特点，占领信息传播制高点。传统媒体条件下，意识形态工作手段相对单一，在内容监审、舆论引导、传播管理、效果评估等方面已经形成了相对丰富的经验，易于掌握工作主动权和话语权。互联网新兴媒体则是具有颠覆性的传播方式。在内容方面，创造生产的主体多元不确定，这就要求内容监审上更加全面到位，更加注重教育引导和宣传，更加注重使用现代媒体技术和大数据方法。在舆论方面，社会心态更加复杂、变化更加迅速，这就要求舆论引导上更加注重事先调整，更加注重研究社会心理的内在结构和变化规律，更加注重引导和调控的主体性需求和合理性价值。在传播方面，传播的二元对立性被打破，传播主体更加多元，方式更加多样，这就要求传播管理中更加注意由管控方法转向引导方法，发挥传播主体自我监督、自我管理的新方法。同时，还要完善立法，出台更加适应当前社会发展需要的网络管理条例，规范好网络信息传播者的权利与义务。在效果方面，传统媒体条件下对传播效果的理解不够深刻，管理主动性不强。当前新媒体发展过程中，要更加注重效果评估，将实效性作为考核工作的重要因素，效果导向能够更加激励工作者们的创新热情和探索热情，提高工作效率。

第三，要抓好基层工作创新。如果说理念创新是顶层设计，手段创新是现实要求，那么基层工作创新就是两者的有机结合，并且是在理论和现实等多个层面的综合体现。基层，是指最广大的人民群众。基层工作既指明了工作对象和服务主体，也体现了实践导向和价值诉求。基层工作创新就是意识形态的各项工作要面向最广大的人民群众，要做好群众工作，满足群众的精神需求，维护好群众的文化利益。基层工作创新是理念创新和手段创新的合题。所以，做好基层创新工作既要做好长远规划，调整工作思路，又要注重方式方法，提高工作水平，提升工作效果。从理念层面看，基层工作需要积极探索如何更好地为人民群众服务、做好人民群众的思想工作；如何用人民喜闻乐见的形式、生动活泼的方法来把党和国家的政策、思想和方针讲清讲透；如何能够贴近人民群众的生活实际，倾听人民群众的真实想法，了解人民群众的切实需求，将人们对美好生活的追求与对党和国家方针政策的自觉认同有机结合在一起。从基层工作者的角度来看，要不断强化队伍，提高思想宣传工作者的综合素质，落实好主体责任，加强理论和业务学习，完善激励机制，不断鼓励基层工作者们打开思路、探索方法，利用好新兴媒体，发挥好自媒体功能，打造适合基层民众接受的移动化传播平台，寓教于乐。同时，要不断地加强项目化管理能力，统筹规划，积极整合资源，做好量化评估和绩效分析，真正立足基层、服务基层，依靠群众、发动群众，调动基层群众的智慧和力量，形成良性互动的新局面；真正将各项工作做到细处、落到实处。

第五章 文化力量是战略保障：提升国家文化软实力

文化的力量，或者我们称之为构成综合竞争力的文化软实力，总是“润物细无声”地融入经济力量、政治力量、社会力量之中，成为经济发展的“助推器”，政治文明的“导航灯”，社会和谐的“粘合剂”。

——习近平

国家综合实力通常是指一个国家所具有的能够有效维护和保障自身权利和权益的各种力量的总和，体现了一个国家生存与发展的基础，它通常包括经济总量、军事力量等硬实力，同时还应包括基于文化而产生的凝聚力、生命力、吸引力和影响力等，也就是文化软实力。从一定意义上讲，文化发展战略的实现过程就是文化软实力提升的过程。一个世界强国，必然是一个文化软实力强大的国家，文化软实力集中体现了一个国家基于文化而具有的凝聚力和生命力，以及由此产生的吸引力和影响力。古往今来，任何一个国家的发展进程，既是经济总量、军事力量等硬实力提高的过程，也是价值观念、思想文化等软实力提高的过程。“软实力”这一概念源自美国哈佛大学教授约瑟夫·奈，他认为，“软实力”是一个国家依靠其在政治价值观、文化和外交上的吸引力来影响他国偏好的能力。实际上，中国古贤早在数千年前就阐发过“软实力”的核心思想，比如孔子的“修文德以来之”，又如孟子的“仁者无敌”，“得天下有道，得其民，斯得天下矣；得其民有道，得其心，斯得民矣”，“爱人不亲，反其仁；治人不治，反其智；礼人不答，反其敬。行有不得者皆反求诸已，其身正而天下归之”等，都是在强调某种文化价值、道德力量的重要作用。

进入新时代，以习近平同志为核心的党中央将提高文化软实力作为文化强国战略的关键内容，指出文化软实力关系“两个一百年”奋斗目标和中华民族伟大复兴中国梦的实现，这种新的认识进一步开拓了中国共产党把握文化建设规律的新视野，达到了新的战略高度。习近平总书记多次论及提高国家文化软实力的意义。2013 年 12 月 30 日，在主持十八届中央政治局第十二次集体学习时，习近平专门以“建设社会主义文化强国提高国家文化软实力”为主题发表了重要讲话，充分显示了新一届党中央对于文化软实力建设的重视，以及文化在国内和国际上扮演的重要角色的深刻认识。习近平总书记指出，“提高国家文化软实力，不仅关系到我国在世界文化格局中的定位，而且关系到我国国际地位和国际影响力，关系到‘两个一百年’奋斗目标和中华民族伟大复兴的中国梦的实现”①。2014 年 3 月，习近平总书记参加十二届全国人大二次会议贵州代表团的审议时说：“体现一个国家综合实力最核心的、最高层的，还是文化软实力，这事关一个民族精气神的凝聚。我们要坚持道路自信、理论自信、制度自信，最根本的还有一个文化自信。”② 在这里，习近平总书记对文化软实力与国家综合实力的关系进行了科学的界定。

党的十九大为新时代中国的发展作出了安排部署，为中国的未来发展指明了新的发展方向。大会明确提出了 2020—2035 年基本实现社会主义现代化的发展目标，在该阶段中，要实现“社会文明程度达到新的高度，国家文化软实力显著增强，中华文化影响更加深入”。与此同时，文化软实力也被写入党章。党章在总纲部分将习近平新时代中国特色社会主义思想新增为党的指导思想，在“中国共产党领导人民发展社会主义先进文化”内容中增加了“提高国家文化软实力”概念，表述为：“推动中华优秀传统文化创造性转化、创新性发展，继承革命文化，发展社会主义先进文化，提高国家文化软实力。”这些都表明，文化软实力已经成为考察国家综合实力的重要方面，已经引起了党和国家的高度关注和重视，并且已经被纳入国家发展战略的体系之中。

---

① 习近平．习近平谈治国理政［M］．北京：外文出版社，2014：160.

② 贵州代表团认真学习习近平总书记参加贵州代表团审议时的重要讲话精神［N］．贵州日报，2014-03-08（1）.

第一节 文化软实力与国家的内在凝聚力和生命力

随着全球经济一体化进程的加快和信息化科技的迅猛革新，全球格局风云变化，文化软实力的重要作用日益凸显，而我国的发展在享受世界市场资源红利的同时，也不可避免地受到来自文化渗透及文化霸权的威胁。当今世界，一个国家或民族的国际影响力既取决于它的硬实力，也取决于它的软实力。与“硬实力”相比，文化“软实力”体现为一种柔性力量，它以文化资源为基础，吸引受众主动接受和主动分享，体现出柔而持续的影响力和吸引力。历史经验表明，一个国家的繁荣昌盛不仅要靠硬实力来支撑，也要注重发展软实力，只有硬实力和软实力相得益彰、相互促进，才能使该国的综合实力获得显著提高。目前，中国 GDP 总量已经上升到了全球第二位，但文化影响力与经济地位之间仍存在一定差距，文化对经济发展的支撑作用仍需要进一步加强。

对于文化软实力的内涵和定义，习近平总书记多次强调，衡量一个国家软实力的高低，以及软实力构建的重点就在于“核心价值观的生命力、凝聚力、感召力”，而决定文化软实力的最深层次的要素则毫无疑问是核心价值观。要建设社会主义文化强国，就必须在“紧紧围绕建设社会主义核心价值观体系”的前提下，通过对文化产业的发展、文化事业的推进等具体措施，来最终实现文化软实力的提高。事实上，从社会历史的发展来看，一个国家或者民族在物质潜力、军事实力、经济生产力上所拥有的“硬实力”，也终究会以文明发展成果的形式折射到文化软实力上，从而推动世界历史的发展。因此，无论是在文化强国建设，还是在不断实现中华民族伟大复兴的征程中，提高文化软实力作为文化大繁荣大发展的重要内容具有不可忽略的关键作用。习近平总书记强调，价值观作为重要的精神支撑，是文化软实力的坚固基石，这样文化软实力才能在坚定的方向指引、广泛的社会共识、深厚的文化底蕴和夯实的道德基础上，展现出国家强大的凝聚力和生命力。进入 21 世纪以来，文化在经济社会发展中的作用日益凸显，提高文化软实力，关系我国在世界文化格局中的定位，关系我国国际地位和国际影响力，关系“两个一百年”奋斗目标和中华民族伟大复兴的中国梦的实现，特别是在我国大力推动“一带一路”建设的过程中，文化软实力可以为“一带一路”建设提供重要的软支撑和纽带作用。

随着中国的不断崛起，国际社会难免会有人不愿意看到中国强大，各种责难之声也随之此起彼伏，加之受西方文化中心主义观念及其意识形态的影响，某些国外传播媒介传播的关于中国文化信息不仅常常只是有价值选择的报道，而且往往带有严重偏见，这导致国外受众不能充分认识和理解中国，甚至误解中国。在这种复杂的形势下，习近平总书记强调提高国家文化软实力，是一项“形于中”而“发于外”的重大战略任务，我们既要深化文化体制改革，推动文化事业和文化产业发展，更好构筑中国精神、中国价值、中国力量，夯实国家文化软实力的根基，也要不忘本来、吸收外来、面向未来，着眼扩大中华文化影响，推进国际传播能力建设，讲好中国故事，向世界展现真实、立体、全面的中国。在这里，“形于中”，指的是构建内在的强大的文化力量；而“发于外”，则指的是对外发挥重要的文化影响力。

习近平总书记在《文化是灵魂》一文中指出，“文化的力量，或者我们称之为构成综合竞争力的文化软实力，总是‘润物细无声’地融入经济力量、政治力量、社会力量之中，成为经济发展的‘助推器’，政治文明的‘导航灯’，社会和谐的‘黏合剂’”①。文化的“形于中”在客观上要求全体中国人民形成一种价值认同、前景认同。这不仅意味着中国国内民众要对自身发展方向形成认同，也意味着世界各国要对中国的发展理念形成认同。这种多维度认同的形成离不开文化软实力，离不开文化在凝聚共识方面的重要作用。习近平总书记反复强调：“一个国家、一个民族的强盛，总是以文化的兴盛为支撑，中华民族伟大复兴需要以中华文化发展繁荣为条件。”② 任何一个国家的崛起与复兴，不仅要有强盛的经济和昌明的政治，也要有繁荣的文化，文化复兴是中华民族伟大复兴的应有之义。中华民族伟大复兴的中国梦要实现国家富强、民族振兴、人民幸福，就客观地要求经济、政治、文化、社会和生态“五位一体”的全面发展与繁荣，其中文化要发挥凝神聚力和精神引领的重要作用。也就是说，中华文化的复兴，意味着中国民族精神的凝聚，意味着全国各族人民对社会主义核心价值观的认同，也意味着世界各国对中国发展理念、价值追求和中国智慧的认同。没有文化价值支撑的国家是没有根基、绵软无力的国家，随时会遭遇各种风险和打击，因而不可能在国际社会中保持独立自主的地位并得到应有的尊重和信服。所以，文化成为民族生存和发展的重要力量，也是国家文化发展战略的直接体现。人类社会的每一次飞跃，都伴随着文化的进步。没有文明的继承和发展，没有文化的弘扬和繁荣，就没有“两个一

① 习近平．之江新语［M］．杭州：浙江人民出版社，2013：149.

② 认真贯彻党的十八届三中全会精神 汇聚起全面深化改革的强大正能量［N］．人民日报，2013-11-29（1）.

百年”奋斗目标和中华民族伟大复兴中国梦的实现。

步入新时代，我们要努力为提高中国文化软实力而进行战略布局，力争尽快构建与我国经济社会发展水平相适应，与我国深厚的文化底蕴和丰富的文化资源相适应的文化软实力，也就是提升中国发展的内在凝聚力和生命力，其中主要包括深化文化体制改革和弘扬中国精神两个方面。对于深化文化体制改革而言，主要是为人民提供丰富的精神食粮，推动文化繁荣发展和文化体制机制创新，完善文化管理体制，形成有利于创新创造的文化发展环境，调动全社会参与文化发展改革的积极性、主动性、创造性。新时代文化体制改革是中国从文化大国向文化强国迈进的重要途径，是中国实现国家文化治理能力现代化的关键一环。党的十八大以来，以 40 多年来改革开放的实践为基础，在“摸着石头过河”的探索中，全面深化改革的思想逐渐孕育形成，从国家建设层面对文化体制改革进行了顶层设计的规划。伴随着我国主要矛盾的转化、国际局势的瞬息万变以及新的机遇与挑战的涌现，中国特色社会主义文化体制改革进入发展的新时代。文化的短板影响着党领导的凝聚力、人民的幸福指数、社会的健康发展、国家的国际影响力。主要矛盾的转化既决定着事物的发展方向，也决定着文化体制改革发展的新方向。2013 年，中共中央成立全面深化改革领导小组，成立了包括文化体制改革小组在内的 6 个专项小组，从而开启了文化深改的具体工作。2014 年，深改小组通过《深化文化体制改革实施方案》（以下简称《方案》），标志着文化体制改革进入全面实施阶段。《方案》中提出了“紧紧围绕建设社会主义核心价值体系及文化强国战略”，“激发全民族文化创造活力”，“巩固马克思主义的指导地位、巩固我们的共同思想基础”，“促进文化事业全面繁荣、文化产业快速发展、优秀传统文化的传承与弘扬”，“坚持文化发展必须以社会效益第一、社会效益与经济效益相结合等。文化体制改革的最终目的，是促进中国特色社会主义文化制度成熟定型，为创造精品、培育人才营造良好的环境，不断满足人民追求美好生活精神文化需求”等十分清晰具体的文化战略目标和战略要求。

我们看到，新时代中国特色社会主义的文化体制改革体现出一些新思路。一是协调好文化的意识形态属性与商品属性的关系。社会主义的文化发展不是直接追求经济效益的商业活动，而是旨在最终满足人民的精神文化需要，为国家发展提供强大精神力量。中央明确提出，加快构建把社会效益放在首位、社会效益和经济效益相统一的体制机制，形成有利于创新创造的文化发展环境的改革目标，在尊重市场经济规律的前提下，寻找社会效益与经济效益的最佳结合点，并利用市场机制不断实现文化系统的再生产、消费和传播。二是协调好文化事业和文化产业的关系。事业和产业辩证统一，前者由政府主导、财政支持，主要目标是保障人民基本文化权益；后者则由市场主导、企业自营，主要目标是满足人民群众多样性的精神文化需求，两者要互为促进，共同发展。所以，既要推动文化事业繁荣发展，以完善公共文化服务体系为重点，创新公共文化服务方式，深入实施文化惠民工程，丰富群众性文化活动，提高基本公共文化服务标准化均等化水平；又要推动加快文化产业发展，以健全现代文化产业体系和市场体系为重点，促进文化产品和要素在市场中的合理流动。三是协调文化传承与文化创新的关系。文化传承是指继承中华优秀传统文化，弘扬中国优秀文化精神，而文化创新则需要扬弃传统文化中适应或不适应现代社会发展趋势的成分并紧跟时代进行创造性转化，做到不忘本来、吸收外来、开辟未来，对人类优秀文化成果兼收并蓄，从而创造出更加具有包容性、创新性、价值性的中国特色社会主义文化。同时，创新也包括创新生产经营机制，完善文化经济政策，以及运用云计算、人工智能、物联网等新科技成果，培育新型文化业态等前沿内容。

对于弘扬中国优秀文化精神而言，它指的是弘扬中国人民在长期奋斗中培育、继承、发展起来的伟大民族精神，而这种精神是凝心聚力的兴国之魂、强国之魂。习近平总书记强调，只有大力弘扬伟大创造精神、伟大奋斗精神、伟大团结精神、伟大梦想精神，才能让凝心聚力的兴国之魂、强国之魂融入现代化建设的全过程，才能更加朝气蓬勃地迈向未来、谱写伟大复兴的精彩乐章，才能为中国发展和人类文明提供强大精神动力，才能让中华民族更加自信、更加昂扬地屹立于世界民族之林。中华民族是一个勤劳、勇敢、智慧的民族，是一个有理想、有抱负、有作为的民族，也是一个十分注重精神世界的修炼和砥砺的民族。伟大的实践孕育了伟大的精神，中华民族在几千年的历史长河中繁衍生息、自强不已、辛勤劳作、发明创造，始终革故鼎新、开拓进取，始终团结一心、同舟共济，始终心怀梦想、不懈追求，在中华大地上创造了辉煌的文明成就。中国精神的塑造与弘扬是文化软实力建设的核心，也是国家文化发展战略的基本所在。伟大的创造精神是不断除旧立新、克服弊疾的精神，伟大的奋斗精神是攻坚克难、顽强拼搏的精神，伟大的团结精神是众志成城、万众一心的精神，伟大的梦想精神是敢于立志、心怀高远的精神。在亿万民众共同开创中华民族伟大复兴的实践历程中，中国精神是重要且关键的思想纽带和情感维系。

第二节　文化软实力与国家的外在吸引力和影响力

文化软实力的“发于外”主题，主要体现在传播中国价值、凝聚中国力量、努力提高国际话语权等方面。传播中国价值，就是将中国特色社会主义价值观念进行有效传播。中国特色社会主义是被实践证明了的正确的理论，其道路、制度和文化也是成功的。有效传播就是要加强提炼和阐释，拓展对外传播平台和载体，把当代中国价值贯穿于国际交流和传播的方方面面，并且把中国梦的宣传和阐释与当代中国价值紧密结合起来，努力使当代中国价值观念在国外民众之间实现广泛传播和接受。同时，也要从哲理、历史、文化、社会、生活等各方面深入阐释中国梦，从历史层面、国家层面、个人层面、全球层面等方面将它说清楚、讲明白，使中国梦成为传播当代中国价值的生动载体。中国梦意味着中国人民和中华民族的价值体认和价值追求，意味着全面建成小康社会、实现中华民族伟大复兴，意味着每一个人都能在为中国梦的奋斗中实现自己的梦想，意味着中华民族团结奋斗的最大公约数，意味着中华民族为人类和平与发展作出更大贡献的真诚意愿。

对于中国而言，面对 14 多亿民众，要大力传播中华民族的优秀文化和光荣历史，加大正面宣传力度，通过学校教育、理论研究、历史研究、影视作品、文学作品等多种方式，加强爱国主义、集体主义、社会主义教育，引导我国人民树立和坚持正确的历史观、民族观、国家观、文化观，增强做中国人的骨气和底气。对于世界而言，中国具有丰富的文化资源，独特的文化价值和魅力，但我们在“文化走出去”方面仍存在诸多困难。

例如，我国的文化产业水平还达不到价值输出的水平，整个对外文化贸易占比还比较低。同时，我国的现代传播体系建设也相对滞后，虽然一些重点媒体已经具备了打造国际一流媒体的基础和条件，但与国际大型传媒集团相比，在制播能力、传播能力、新媒体发展能力等方面还有明显的差距，国际舆论影响力、国际事务话语权还相对较弱。此外，国家对现代传播技巧的掌握还有待进一步加强，要积极利用现代传播技巧，就是要通过深入研究国外受众的心理特点和接受习惯，运用国外受众听得懂、易接受的方式和语言，增强信息内容的吸引力和影响力，以达到贴近中国和世界发展的实际，贴近国外受众对中国信息的需求，贴近国外受众的思维习惯等目的。

当前，中西方价值观念存在着非常大的分歧。中国一贯主张的是搁置争议、共同发展，然而以美国为首的西方国家则在很多方面通过文化和意识形态等途径攻击中国，试图遏制中国的发展与崛起，不断将中国置于国际孤立的地位，以达到限制打压的政治目的。在意识形态外攻的斗争中，中国一直秉持“走自己的道路，提供自己的方案”和“各美其美、美美与共”的立场。面对国际上这样那样的情况，一方面，我们要积极塑造中国形象，体现中国作用，展现中国价值；另一方面，我们还要积极承担国际责任，重情重义，努力倡导“人类命运共同体”的世界治理理念。在日益复杂的国际形势中，中国价值的塑造与传播，对于中国屹立于世界民族之林，让世界更加认识、了解和尊重中国有着极其重要的作用，而这也是我们文化软实力建设的紧迫任务。中国价值是重要的精神力量，它既不是来自国家政治机器的强制推动，也不是法律系统的硬性规定，而是来自精神和灵魂深处的循循善诱，这种虚实相间、习焉不察的精神力量正是承载着精神追求和价值准则的文化软实力的重要表现。中国价值是政治信念、价值认同和情感归属的有机统一，是民族和国家共同的思想基础，对内能够让民众凝心聚力、众志成城，对外则最大范围地寻求国际认同和支持。值得注意的是，在传播中国价值的过程中，应该保持高度的自信，要有底气和骨气。科学社会主义经由马克思创立以来，就是一种旨在寻求现代化发展以及扬弃资本主义的科学理论。中国特色社会主义是被实践证明了的正确的理论，是马克思主义和中国具体实际相结合的社会发展真理，不论是在法理上还是学理上都是优于资本主义的、关乎未来理想的社会发展理念。虽然当前社会主义运动在国际上处于低潮，但是这种理念仍始终彰显着真理的光辉。

凝聚中国力量，就是要用文化纽带聚集包括港澳同胞、台湾同胞、海外侨胞等在内的全国各族人民和中华儿女大团结的力量。凝聚中国力量是文化软实力建设的重要实践目标之一。通过我国改革开放 40 多年来取得的成就可以发现，中国人民坚持解放思想、实事求是，实现解放思想和改革开放相互激荡、观念创新和实践探索相互促进，充分显示了思想引领的强大力量。中国人民勇于自我革命、自我革新，不断完善中国特色社会主义制度，不断革除各方面体制弊端，充分显示了制度保障的强大力量；中国人民敢闯敢试、敢为人先，积极性、主动性、创造性空前高涨，充分显示了 14 多亿人民作为国家主人和真正英雄推动历史前进的强大力量。为了提升国家文化软实力，展示负责任的大国形象，我们要用中国语言、中国文化和中国智慧打造具有中国特色的国际问题解决方案。通过提出具有丰富中国文化内涵的“中国方案”，展现 5000 年中华文明智慧成果，切实解决国际争端和国际问题，吸引国际目光，引起国际关注，提升国际社会对于中国方案的认可，形成对于中国方案背后蕴藏的中国文化、中国智慧的认同，从而更好展示我国的文化软实力。随着我国经济高速发展、综合国力不断增强，国家对文化的联系纽带作用和思想引领作用的需求就越强，国家就越需要凝心聚力、民心统一。当前，从全球格局上看，中华民族在实现伟大复兴的征程上还面临着很多现实的问题，在国家认同、政治认同和民族认同等方面仍然有很多工作要做。所以，文化建设作为五大建设之一，就必须承担起重要的凝心聚力的功能和使命。

努力提高国际话语权，就是要在国际社会中能够有资格、有条件展示自己的观点和价值，能够不受其他政治因素影响实现自主表达并得到广泛认可。国际话语权是文化软实力的重要体现。习近平总书记强调，落后就要挨打，贫穷就要挨饿，失语就要挨骂。当前国际舆论格局总体上仍是“西强我弱”，我国的对外话语体系尚未完全建立起来，在不少方面还缺少话语权，甚至处于“无语”或“失语”状态，这导致我国的发展优势和综合实力没有充分转化为话语优势，即使别人是信口雌黄，我们也往往有理说不出，或者说了影响也不大。因此，提高文化软实力，一个重要的方面是要推进我国国际传播能力建设，创新对外传播方式，精心构建对外话语体系，打造融通中外的新概念、新范畴、新表述。我们要多用外国民众听得到、听得懂、听得进的方式和途径，把我们想讲的和外国民众想听的结合起来，增强文化传播的亲和力，积极传播中华文化，阐释当代中国价值、中国精神，展现中国面貌，让世界对中国多一分理解，也多一分支持。

在方法层面，习近平总书记特别指出：“提高国家文化软实力，要努力提高国际话语权，加强国际传播能力建设，精心构建对外话语体系，发挥好新兴媒体作用，增强对外话语的创造力、感召力、公信力，讲好中国故事，传播好中国声音，阐释好中国特色。”① 宣传阐释中国特色，要讲清楚每个国家和民族因历史传统、文化积淀、基本国情不同，其发展道路必然有着自己的特色；要讲清楚中华文化积淀着中华民族最深沉的精神追求，是中华民族生生不息、发展壮大的丰厚滋养；要讲清楚中华优秀传统文化是中华民族的突出优势，是我们最深厚的文化软实力；要讲清楚中国特色社会主义植根于中华文化沃土、反映中国人民意愿、适应中国和时代发展进步要求，有着深厚的历史渊源和广泛的现实基础。因此，我们要着力推进国际传播能力建设，创新对外宣传方式，用中国理论阐释中国实践，用中国实践升华中国理论，更加鲜明地展现中国思想、提出中国主张；要不断加强对外话语体系建设，要研究国外不同受众的习惯和特点，采用融通中外的概念、范畴、表述，把“陈情”和“说理”结合起来，把“自己讲”和“别人讲”结合起来，增强对外话语的创造力、感召力、公信力。同时，我们还要提高讲好故事的能力，着重讲好中国的故事、中国共产党的故事、中国特色社会主义的故事、中国人民的故事，展示文明大国、东方大国、负责任大国、社会主义大国形象，让当代中国形象在世界上不断树立和闪亮起来，只有不断推进我国的国际传播能力建设，才能把我们想说的话说清楚、说明白。此外，我们还要积极主动地让国际社会更多地了解我们，让正确的声音先入为主，使那些负面舆论和奇谈怪论没有市场。只有通过不断推进我国的国际传播能力建设，才能正确地回答国际社会关于“中国为什么能”“中国共产党为什么能”的问题，才能有力

① 习近平．习近平谈治国理政［M］．北京：外文出版社，2014：162.

地驳斥“中国威胁论”“中国崩溃论”等错误论调，才能真正增强我国文化所能产生的凝聚力、生命力、吸引力和影响力，进而提高我国的国际地位和国际影响力。从这个意义上说，提高文化软实力与提高我国的国际地位和国际影响力密切相关。

第三节 国家文化软实力“形于中”和“发于外”的实现路径

在提升国家文化软实力的过程中，“形于中”侧重于构建文化精神内核，“发于外”侧重于强化文化建设实践。从提升文化软实力的路径而言，当前以及今后一段时间，我们要重点关注以下几点。

第一，建设“一带一路”的倡议包含着重大的文化纽带的功能与价值。2013 年，习近平总书记在访问中亚和东南亚时，分别提出建设“丝绸之路经济带”和“21 世纪海上丝绸之路”的倡议。建设“一带一路”，是党中央着眼实现“两个一百年”奋斗目标和中华民族伟大复兴中国梦，为进一步提高我国对外开放水平而提出的重大战略构想。“一带一路”贯穿欧亚大陆，东部连接亚太经济圈，西部进入欧洲经济圈。历史上，陆上丝绸之路和海上丝绸之路就是我国同中亚、东南亚、南亚、西亚、东非、欧洲等进行经贸和文化交流的大通道，具有深厚的历史渊源和人文基础。“一带一路”是建立在文化纽带基础上的包容开放的大平台，体现了共商、共建、共享，体现了“睦邻、安邻、惠邻”的诚意和“与邻为善、以邻为伴”的友善，是承贯古今、连接中外、造福沿途各国人民的伟大事业，得到了国际社会的广泛关注和积极支持。“一带一路”倡议由中国主导提出，一经公布就受到周边国家的欢迎和国际社会的普遍关注，100 多个国家和国际组织积极响应支持，其下设的亚洲基础设施投资银行还吸引了很多西方国家加入其中，可谓中国文化在国际舞台上的一次成功展示。“一带一路”建设，文化要先行。“一带一路”沿线国家文化、宗教背景各不相同，要通过文化这个纽带和桥梁，加强彼此之间的文化交流与合作，与沿线国家的人民产生共同的语言、增进彼此之间的了解和信任、拉近彼此之间的感情。“一带一路”不仅是经济贸易之路，而且应当是文化友谊之路，以文化促进民心相通，以价值获得彼此认同是区域合作的文化前提。所以，不仅要加大商业贸易交往和经济合作，同时也要借助人文合作委员会、文化联委会等平台，推进与“一带一路”沿线国家的文化深度合作。可以通过互办艺术节、文化年、电影周以及旅游推介等活动，“依托现有成果和品牌，统筹现有项目资源，打造新的文化交流品牌，深化‘丝绸之路文化之旅’活动，与沿线国家联合举办‘丝绸之路艺术节’，举办形式多样、丰富多彩的文化论坛、展览、演出活动”，“注重利用网络平台和新媒体手段，通过音乐、演出、动漫、网游等文化产品，传承古丝绸之路精神，提升中华文化影响力”，密切中国与沿线国家之间的高层交往、民间交流，丰富文化合作等，这些都是实现文化联结和情感交融的有效途径。

第二，人类命运共同体的基础是文化价值观的共通互赏。当前，各个国家都面临着经济社会发展的重要任务，在矛盾多样、利益多元、形势多变的情况下，世界全球化进程遭遇着各种阻力和挑战。中国为面向未来的世界交往和国际关系提供了一种可行方案，即构建人类命运共同体，其目的是实现国际社会的“共赢共享”。人类命运共同体思想继承了中华优秀传统文化中的“天下大同”“天下为公”“和而不同”“和合共生”“天人合一”等思想，是对马克思主义“共同体”思想的继承和发扬，是对和平共处五项原则的创新发展。人类命运共同体思想是符合新时期国际潮流的思想观，是适合当代的全球价值观，为思考处理全球国家之间的关系提供了一个全新的视角，打破了国际关系领域“强权即真理”的旧思维，这是中国智慧和中华文化在国际舞台上的又一次集中展示，影响深远，日益得到国际社会的认可。作为“人类命运共同体”的倡议者、践行者，中国应循序渐进推动“人类命运共同体”贯彻实施，先要推进与周边国家和地区的命运共同体建设，如打造互尊互信的中国—老挝命运共同体、亚洲命运共同体、中国—东盟命运共同体、上海合作组织命运共同体等，这些都是通向人类命运共同体的重要步骤。“人类命运共同体”是国际交往的新观念，是建立在和平发展基础上的价值理念创新，得到了越来越多国家的认可，中国作为首倡者，在某种程度上也是中国文化软实力的体现。“和而不同”“休戚与共”“战略互惠”都是中国传统文化中的历久弥新的优秀思想，这种义利观、交往观和发展观将为世界建立公正合理的全球治理体系提供弥足珍贵的借鉴。“人类命运共同体”旨在不同国家、地区之间坚持对话协商，建设一个持久和平的世界；坚持共建共享，建设一个普遍安全的世界；坚持合作共赢，建设一个共同繁荣的世界；坚持交流互鉴，建设一个开放包容的世界；坚持绿色低碳，建设一个清洁美丽的世界。观念影响行动，文化价值观的影响需要不断深入，不同国家、地区之间要谋求互相理解、互相尊重、互相欣赏、互相同情，这些观念上的交融既是中国文化软实力作用的实现，也是构建“人类命运共同体”、开展各种国际交往活动的前提。

第三，增强中国文化软实力需要构建更加完备的中国特色社会主义话语体系。话语权是国家文化软实力的重要构成，习近平总书记曾指出，提升国家文化软实力，“要努力提高国际话语权”。由于我们国家在国际规则制定、国际议程设定等方面话语权不强，有时还处于有话说不出、说出传不开的尴尬境地，为此我们要积极构建中国特色社会主义话语体系，增强通过国际规则制定话语权的水平，提升国际议程设置能力，加强中国文化国际传播能力建设。提高话语权需要构建话语体系。话语体系是指系统化、条理化、规范化的话语表达，它体现了某种特定的思想、观念和理念，中国特色社会主义话语体系是关于中国特色社会主义的科学含义、发展脉络、精神实质等基本问题的系统化、条理化、规范化表达。中国要积极打造富有自身特色的话语体系，向世界贡献更多的“中国方案”和“中国话语”。首先，要及时总结党带领人民群众在建设社会主义实践过程中形成的新鲜经验，并将之上升到理论高度；要及时总结提炼党和政府所形成的新举措、新思路、新理念，如中国梦、“一带一路”、人类命运共同体等，把党治国理政的好政策、成功的经验对外介绍好、阐释好和传播好。其次，要有针对性地明确提出和阐释西方比较关注的涉华重要问题，如人权问题、宗教问题、新闻自由问题以及司法体制问题等，重点解读近年来中国在这些方面取得的成就和进步，引导国际社会和舆论客观公正地看待、认识和理解、报道中国的发展进步及真实的国内情况，尽力消除国际社会的偏见和误解。最后，要针对国际社会近年来出现的热点难点问题，主动出击，亮明自己的观点，表明中国立场，提出中国方案，不回避、不退缩。随着时代发展，金融安全、恐怖主义、环境污染、网络安全以及全球治理等问题日益凸显，更加引起国际社会的普遍关注，而解决这些问题需要国际社会的共同努力和行动。

第四，增强中国文化软实力需要发展更加完备的对外文化交流传播体系。国家要坚持“走出去”和“请进来”相结合，文化交流和文化贸易相结合。扩大政府间文化交流，构建畅通的政府间文化交流合作机制，积极参加中俄、中美、中英、中欧、中非、中亚等人文交流机制，举办中国文化节等大型交流活动，利用好重要的外事活动，推介宣传中华优秀文化，展示5000年中华文明及当代中国的文化成果。要按照本土化、市场化及品牌化的发展要求，推出一批具有中国内涵、国际表达、创意融合的对外文物展览，拓展文物出展国家和地区，同时引进一批高水平文物展览。国家要不断加大对发展中国家尤其是周边国家的文化援助力度，统筹开展文物援外工程；不断加强汉语拼音的推广工作，提升汉语的国际传播竞争力；不断推动汉语通俗化，找到文化对外传播的新的突破口，让外国人愿意接受中国文化、了解中国、喜欢中国。要创新展示一些简单易接受、富有中国元素的流行文化产品，如功夫、中医中药、美食烹饪、服饰、自然生态、生活方式、民俗文化等，使它们成为汉语国际传播的新突破口。同时，还要推进孔子学院深入发展，增进世界人民对中国语言和文化的了解，不断深入发展中国与外国的友好关系，为构建和谐世界贡献力量，大力传播中华优秀传统文化及当代中国价值观念，为世界的文化融合贡献中国智慧和中国力量，促进世界文化的交流互鉴与多元化发展。除此之外，还要特别发挥好以互联网为代表的新兴媒体在国际话语传播中的作用。软实力是否有效取决于行为者在特定团体中的信誉以及行为者之间的信息流动，这就要求我们认真研究互联网传播规律，优化网络宣传方式，在确保网络安全的前提下，把互联网打造成在国际上讲好中国故事、发好中国声音、展示好中国形象的新平台。

第六章
文化繁荣是战略目标：激发全民族文化创造创新活力

推动文艺繁荣发展，最根本的是要创作生产出无愧于我们这个伟大民族、伟大时代的优秀作品。没有优秀作品，其他事情搞得再热闹、再花哨，那也只是表面文章，是不能真正深入人民精神世界的，是不能触及人的灵魂、引起人民思想共鸣的。

——习近平

文化的繁荣兴盛是新时代中国特色社会主义文化建设的战略目标，也是实现中华民族伟大复兴的必然要求。文化本质上是对经济社会发展的反映，展现的是人们现实生活的状态；而文化建设则是在国家社会层面进行文化体制改革，营造文化创造的良好局面，让丰富的文化产品和文化服务不断满足广大人民群众的需求。对于我国的具体实际而言，文化发展的实践主体和服务对象是广大人民群众，领导力量是中国共产党。要实现文化的大发展大繁荣，就必须在中国共产党的领导下，坚持马克思主义的文化发展观，坚持马克思主义在意识形态中的指导地位，激发全民族文化创造创新活力。因此，广大的文化工作者要积极创新、不断探索、努力实践，创作能够反映新时代风貌和传承中华优秀传统文化的优秀成果，并且积极构建具有中国特色的哲学社会科学体系，更好地服务新时代国家经济社会发展，坚持文化自信，不断加强自身的文化话语权和主动权。本章从文艺创造、文化体制改革以及中国特色哲学社会科学建设三个方面来探讨文化繁荣的战略目标。

第一节　进行无愧于人民的文艺创造

文艺是文学和艺术的总称，是人类的社会意识领域最美好的花朵。文艺通过形象构建和典型塑造等方式反映现实社会和真实生活，其中倾注了创作者们的思考、智慧和才华，受众则从中获得文艺的美感。习近平总书记指出，文艺是时代前进的号角，最能代表一个时代的风貌，最能引领一个时代的风气。文运同国运相牵，文脉同国脉相连。实现中华民族伟大复兴，需要坚忍不拔的伟大精神，需要振奋人心的伟大作品。对于新时代中国特色社会主义的文化发展而言，优秀的文艺作品是重要的促进因素和成果体现。社会主义国家的文艺有着与其他社会制度的文艺创作不同的原则、任务、目标和价值观，正如习近平总书记指出的那样，社会主义是人民的文艺，必须坚持以人民为中心的创作导向，在深入生活、扎根人民中进行无愧于时代的文艺创造，不断繁荣发展社会主义文艺。关于中国特色社会主义的文艺创造，有几个重要的方面值得关注。

第一，文艺创造的宗旨是坚持为人民服务。繁荣发展社会主义文艺，首先要解决文艺为什么人的问题，这是一个根本的问题、原则的问题。新时代中国特色社会主义文艺就是要坚持为人民服务的宗旨，努力为人民抒写、为人民抒情、为人民抒怀，要把满足人民精神文化需求作为文艺和文艺工作的出发点和落脚点，把人民作为文艺表现的主体，把人民作为文艺审美的鉴赏家和评判者，把为人民服务作为文艺工作者的天职。只有坚持为人民服务，才能坚持社会主义的发展方向，才能真正地实现中华民族的伟大复兴。人民是我国最广大的群体，是社会主义的建设者和劳动者，为人民服务就是为他们提供优秀的文艺作品，满足人民丰富的文艺需求，提高人民的审美品位和艺术情趣。只有为了人民进行的文艺创造才能真正追求真善美的价值理念，才能以充沛的激情、生动的笔触、优美的旋律、感人的形象创作出有筋骨、有道德、有温度的优秀作品。为资本服务的文艺追逐的是资本的增殖和经济效益的最大化，这样的作品从本质上来看是不可能以振兴民族精神和提升民众品位为根本出发点的，也不可能有博大的社会责任心和人文情怀，因而极容易堕入资本运作的弊端之中，导致文艺失去独立性和纯洁性。如果文艺工作者不能主动去引领和带动时代新风尚和新气象，就会迎合社会的恶趣味和低俗风。当文艺自身堕落为盈利工具时，就会丧失美感并变得丑陋不堪，社会民心也将受到极大的伤害。此外，那些为少数特权阶层而创造的文艺也是不可能具有不朽价值和经典影响的。历史唯物主义告诉我们，推动社会历史发展的是广大的人民群众，“特供”的文艺作品只能迎合特殊群体的趣味，不可能真实反映社会风貌和时代精神，不可能展现出真实的历史发展的生动画卷。同样，只描绘才子佳人和帝王将相的古代文艺作品虽然也有不少经典传世，但是仍然不可避免地具有历史局限性和认知狭隘性，为某个阶级服务的文艺作品就是如此。从历史发展来看，在阶级社会中，由于文化资源的稀缺性和从业人员的非普遍性，很多古典艺术都是服务于统治阶级的，很多文化从业者都是被政治当权者豢养的“御用”创作者，尽管这些所谓的精英艺术对于人类文化传承和社会思想继承也曾作出了重要的贡献，但是不可否认的是他们的创作视野、立意格局、艺术主旨、文化品格等都具有相当的片面性，不可能真正地体察社会历史的真正主体和发展动因，也不可能理解人民群众的人文旨趣和美感。现在，中国迎来了社会主义发展的历史新阶段，社会主义的文艺必须扎根人民，永远同人民在一起。作为当前国家文化发展战略，文艺创造必须体现人民性，这是时代的要求、现实的要求和逻辑的要求，解决好“为了谁、依靠谁、我是谁”这个问题，是广大文艺工作者从业的前提。对于他们而言，要虚心向人民学习、向生活学习，从人民的伟大实践和丰富多彩的生活中汲取营养，始终把人民的冷暖、人民的幸福放在心中，把人民的喜怒哀乐倾注在自己的笔端，讴歌奋斗人生，刻画最美人物，坚定人们对美好生活的憧憬和信心。

第二，文艺创造的任务是培育和弘扬社会主义核心价值观。优秀文艺具有巨大的教育功能，能够起到启发人心、传递感情、塑造心性的作用。

对于新时代中国特色社会主义的文艺实践而言，需要大力弘扬社会主义核心价值观。在文艺实践中，要把培育和弘扬社会主义核心价值观作为根本任务，用栩栩如生的作品形象告诉人们什么是应该肯定和赞扬的，什么是必须反对和否定的。要高扬爱国主义主旋律，用生动的文学语言和光彩夺目的艺术形象，装点祖国的秀美河山，描绘中华民族的卓越风华，激发每一个中国人的民族自豪感和国家荣誉感，引导人民树立正确的历史观、民族观、国家观、文化观。文艺如果不能坚持正确的价值观，就不能够引导社会民众积极向善，就容易堕入庸俗低俗甚至是丑恶之中。中国的社会主义事业和现代化建设需要文艺创作者讴歌和抒写多彩的中国、进步的中国、团结的中国，激励全国各族人民朝气蓬勃迈向未来。文艺作品经过大众传媒能够发挥出巨大的能量。20 世纪中期，西方理论界就敏锐地意识到，这种力量如果不加以控制就会造成全社会心理的变化，进而对人们的行为产生重大的影响，“议程设置”“子弹论”就是对这种文艺力量的经典比喻。所以，国家文化发展战略必须要重点把控文艺作品中的意识形态属性和社会教化的功能，要积极地引导文艺创作者坚持正确的导向，要坚持社会主义核心价值观而不是西方价值观，增强全民族的媒介素养，能够分辨文艺背后的思想立场和政治属性。在文艺创造的过程中，如果没有坚定的价值信念作为支撑，就很容易犯错误，例如最常见的历史虚无主义的错误。创作者为了哗众取宠、博人眼球或者其他的狭隘利益，往往将历史视为任人打扮的小姑娘，随意篡改历史、篡改事实，亵渎祖先、亵渎经典、亵渎英雄，导致文艺领域中的不讲史实、不辨道理、颠倒黑白的“神剧”“雷剧”时有出现。另外，错误政治价值观的文艺作品会误导民众，受西方长期以来的意识形态渗透和文化外攻的影响，很多自由主义、个人主义、拜金主义思想渗入文艺作品之中，对民众产生了非常负面的影响。

第三，文艺创造的目标是为实现中华民族伟大复兴提供精神支撑和引领。中国特色社会主义的文艺创造包含着更为宏大的使命和职责，即为实现中华民族伟大复兴注入文化力量。文艺塑造人心，人心向背决定着社会主义事业的走向和成败。站在新时代的今天，我们比历史上任何时候都更接近中华民族伟大复兴这个目标，我们也比任何时候都更有信心、更有能力实现这个伟大的目标。文艺的服务对象是广大人民群众，而创作主体是广大的文艺工作者，后者的素质与能力直接决定和影响着文艺发展的水平和质量，所以培养新时代的文艺工作者是文化发展战略的主体因素和实现前提。习近平总书记强调，“文艺是给人以价值引导、精神引领、审美启迪的，艺术家自身的思想水平、业务水平、道德水平是根本”①。对于文艺工作者来说，首先要有坚定的信念和博大的情怀，能够将社会主义的伟大事业追求变成自己文艺创作的使命和职责，将生活的事件变成艺术的主题，积极地反映在社会主义事业中奋斗的中华民族，积极地展现在复兴道路上挥洒汗水的人民群众。艺术来源于生活但高于生活，生活就是人民群众的生活，艺术的根基源于人民也为了人民。所以，艺术工作者要做人民的艺术工作者，要热爱人民，对人民要爱得真挚、爱得彻底、爱得持久，在创作过程中要深入群众、深入生活，诚心诚意做人民的学生，解决好“为了谁、依靠谁、我是谁”这个问题，不仅要“身入”，更要“心入”“情入”，在人民中体悟生活本质、吃透生活底蕴，创作出激荡人心的优秀作品。从当代文艺表现的现状来看，但凡是优秀的作品，都是贴近人民群

① 十八大以来重要文献选编：中册［M］．北京：中央文献出版社，2018：126.

众、在人民群众中得到强烈反响以及受到人民群众喜爱的作品。对于文艺工作者与人民群众的关系而言，人民群众是文艺工作者的创作源泉和服务对象，文艺工作者是人民群众的文化代表和精神塑造者。优秀的文艺作品是集艺术性、人民性、时代性于一体的，既能穿透历史，又可照亮现实与未来。艺术可以放飞想象的翅膀，但一定要脚踏坚实的大地。文艺创作的方法有一百条、一千条，甚至上万条，但最根本、最关键、最牢靠的方法是以人民为中心的创作导向。我们的文艺工作者应该是人民的文艺工作者。文艺作品只有紧扣时代脉搏，承担时代使命，聆听时代声音，勇于回答时代课题，唤起民族自豪感，才能与人民产生思想共鸣和有情感烈度的碰撞。也只有反映时代主题和人民心声的文艺作品，才能赢得人民群众的青睐。文艺创造的目标是为实现中华民族伟大复兴提供精神支撑和引领，只有满足人民群众的精神文化需要，才能实现文化的繁荣兴盛。文艺的复兴是伟大复兴的重要组成部分。从文化发展战略的角度来看，新时代中国特色社会主义的文艺创造的目标格局是很大的，立意是高远的，放眼看去当前世界上很难有其他国家将文化发展目标订立得那么清晰和具体，赋予它那么重大的意义。将我国的文艺创造与国家发展和民族复兴联系起来，充分表明了党和人民对文化发展的殷切期待和对文化强国目标的高度重视。

第四，文艺创造的原则是坚持社会效益和经济效益相统一。文艺有着自身的创造规律和发展进程。尊重和遵循文艺规律，尊重文艺工作者的创作个性和创造性劳动，提高全民族的文化素养和审美品位是文化发展战略的重要构成，倡导讲品位、讲格调、讲责任，抵制低俗、庸俗、媚俗是优化社会文化氛围和塑造精神环境的重要举措。在市场经济成为全球经济社会发展趋势的当下，文艺也不可避免地被纳入市场交换的体系之中，当文艺变成商品就自然地会遵循市场的规律。一方面，通过市场来配置文化资源能够更加有效率，培育文化市场能够真正实现文化的发展与繁荣。事实证明，当前人们的文化消费会随着经济社会的发展而不断增加，并呈现出一种欣欣向荣的蓬勃发展趋势，这充分证明了人们的精神文化需求是有着巨大潜力的，通过市场经济和文化产业的发展，文化产品和服务得以不断提供，人们的需求能够得到进一步释放和满足。但是另一方面，市场遵循经济效益，而文艺不能只按照经济效益的方向前进，因为文艺还承担着为中华民族伟大复兴提供精神支撑和引领的使命。所以，假如文艺唯经济效益马首是瞻，那么文艺就不会再承担起批判、教育和引领等重要使命，甚至会沦落为迎合、满足各种低俗、恶俗需要，成为腐化人心、蛊惑社会的罪恶之物。优秀文艺教化人心，影响深远，任何国家和政府都会对文艺生产和传播进行管控，任何国家和政府都不可能对文艺放任不管，任其在市场经济中发展。注重文艺的社会效益，是社会稳定发展的重要文化保障。文艺的社会效益是对文艺社会影响的量度，指的是文艺产生了什么样的社会影响，带来了哪些社会心理的变化。对于新时代中国特色社会主义而言，文艺的社会效益是十分重要的指标，习近平总书记在不同场合多次强调文艺要坚持社会效益和经济效益相统一的原则，要做有使命、有责任、有担当的新时代文艺工作者。我们看到，当前文艺发展中存在着很多文艺创作唯利是图的现象，随着新媒体和自媒体的普遍使用，文艺创作和宣传的门槛越来越低，人们接收到的文艺内容越来越广泛，一些文艺创作者为了获取更多的经济回报而放弃了应有的尊严和操守，令文艺作品沾满了铜臭气，文艺工作者不脚踏实地搞创作、职业道德滑坡、形象败坏，文艺创作抄袭模仿、千篇一律、脱离人民群众生活等现象层出不穷。对于这些问题，习近平总书记强调，优秀的文艺作品既能在思想上、艺术上取得成功，又能在市场上受到欢迎。因此，文艺工作者要静下心来、精益求精搞创作，把最好的精神食粮奉献给人民。文艺不能在市场经济大潮中迷失方向，不能在“为什么人”的问题上发生偏差，否则文艺就没有生命力。文艺工作者要自觉坚守艺术理想，不断提高学养、涵养、修养，加强思想积累、知识储备、文化修养、艺术训练，认真严肃地考虑作品的社会效果，讲品位，重艺德，为历史存正气，为世人弘美德，努力以高尚的职业操守、良好的社会形象、文质兼美的优秀作品赢得人民的喜爱和欢迎。

第二节　推进文化事业与文化产业双轮驱动

文化事业和文化产业的推进是文化发展战略的重要基础。要满足人民过上美好生活的新期待，必须提供丰富的精神食粮。不论是在党的十九大报告中，还是在“十三五”规划纲要中，都明确指出“推进文化事业和文化产业双轮驱动”是建设社会主义文化强国的重要举措之一。文化产业的蓬勃发展，是满足人民更丰富的文化需求、增强人民的文化获得感、实现文化小康的重要途径，也是创造性继承和创新性转化中华优秀传统文化，使社会主义核心价值观深入人心的重要载体。文化事业则是构建中国特色现代公共文化服务体系、保障和改善人民群众基本文化权益的重要路径，是提高全民文化素质的重要举措，是建设公共服务型政府、履行好政府公共服务职能的应有之义。公益性文化事业和市场性文化产业两者共同形成了国家文化发展的现实形态，并由此产生了一系列相应的文化体制。文化体制改革是文化发展战略的重要举措，也是保障各项文化事业健康有序发展的前提和基础，党的十八大以来，党和国家立足我国文化的发展现状和人民的发展需求，以大力度的文化体制改革促进我国文化产业和文化事业长足发展，我国文化事业和文化产业的总体规模进一步壮大，整体实力得到了进一步的增强，从而以更加丰富的内容满足着人民日益增长的精神文化需要。文化体制改革在新的起点上纵深拓展，紧紧围绕建设社会主义核心价值体系，建设社会主义文化强国，不断完善文化管理体制和文化生产经营机制，建立健全现代公共文化服务体系和现代文化市场体系等目标稳步推进。

当前，中国已开启全面建设社会主义现代化国家新征程，我国的文化事业和文化产业也迈进了快速发展的新阶段和新时期。然而，我国的文化事业和文化产业在许多方面仍然存在着发展不平衡和不充分的现状，这不仅阻碍了我国文化作用和文化力量的更好发挥，制约了我国文化软实力的进一步提升，也严重影响着我国文化产业和文化事业的健康繁荣发展，以及我国其他现代化领域的建设与发展。从战略的视角看，文化事业和文化产业发展的不平衡不充分是当前我国文化领域的一大发展短板，所以应引起高度重视。从区域差异来看，经济较发达的东部沿海地区集聚了大量的文化资源和生产能力，而西部地区则文化事业发展落后、文化产业发展水平低下，有的甚至还没有形成标准的文化产业，公共文化服务水平低下，人民群众的精神文化需要得不到满足。从城乡差异来看，我国的一、二线城市文化资源集中，文化水平发展程度高，而农村、乡镇由于地理、交通和历史等方面的原因，文化发展落后，文化消费水平较低，长期与城市形成较大的差距。从供求关系上看，随着人们经济水平的提升和文化需求的增加，我国政府和市场上的文化产品供给与人民的文化消费需求两端错位，有效的和高质量的文化产品供给还十分不足，文化产品与文化服务不符合我国人民真正的文化生活需要。当前，人民对美好生活的需要随着我国现代化建设的进一步全面推进而日益增长，文化事业和文化产业的发展与人民的需求之间的不平衡现象也越来越明显、越来越突出。另外，文化管理体制的不完善也制约了文化事业和文化产业的发展，行政性壁垒繁多，发展链条割裂，会导致运行机制缺乏活力，使得地区文化发展落后于现代化市场经济的一般水平。事实上，国家文化事业和文化产业发展的关键在于人，造成发展水平差异的根源在于文化从业人才的集聚或分散。中西部地区吸引人才能力弱，人才流失严重，文化从业人员整体的业务水平仍然较低，缺乏专业性、创新性较强的经营和管理人才，使得我国文化事业和文化产业发展迟缓，甚至因出现漏洞而蒙受损失。因此，需要国家从根本上推进文化体制改革，推动文化事业和文化产业都得到真正有效的发展。

对于文化事业而言，它是保障公民文化基本权益、体现社会主义公平正义、使人民能够充分享受文化教育和文化成果的重要途径，通过加强公共文化服务体系建设，老百姓看电视、听广播、读书看报、进行公共文化建设、参与公共文化活动等基本文化权益能否实现已经成为时代发展的基本要求。早在中华人民共和国成立之初，我们就将对公民文化权利的保护写入国家宪法，但很长一段时间里受制于经济社会发展水平，人民群众文化权益的满足让步于经济权益的满足。改革开放以来，伴随着国家经济社会的发展，人民群众在物质需求上不断得到满足，对精神文化层面的需求也随之日益增加，全面建成小康社会，不仅要实现物质上的小康，也要实现精神上的小康。

除此之外，文化事业还承担着提高全民文化素质的重要功能。一个民族的精神文化素质是该民族是否能自立于世界民族之林并保持长盛不衰的关键所在。实践证明，任何一个民族和国家单一追求经济发展，并不会自然而然地带来社会的协调和进步，更不会就此推进人的全面发展。以人为本，尊重人的主体地位，促进人的全面发展，是中华优秀传统文化的精髓，也是科学发展的核心要义。我们要不断推动文化事业的改革，在改革中发展公共文化服务体系，这有助于增强社会主义核心价值观的引导和教育功能，提高人民群众的精神文化素质，促进人的全面发展。发展公共文化服务体系，是建设和传播主流意识形态的重要渠道，是增进基层群众的文化认同、政治认同、国家认同和民族认同的重要抓手，是加强我国社会主义精神文化建设的主渠道。在改革中加强公共文化服务体系建设，提高全社会公共文化服务质量和水平，有助于维护公正诚信、遵纪守法的社会秩序，有助于营造清正廉明、尚德崇贤的社会风尚，也有助于优化积极健康、和谐稳定的发展环境。

在新的历史时期，中央围绕建设社会主义文化强国，对公共文化服务体系建设提出了新的要求，积极推动传统公共文化服务体系向现代公共文化服务体系转变，并且明确提出到 2020 年基本建成现代公共文化服务体系的战略目标。党的十八届三中全会提出，将构建现代公共文化服务体系作为全面深化改革的重要任务之一。2014 年，中央全面深化改革领导小组对构建现代公共文化服务体系作出部署。2015 年，中办、国办印发《关于加快构建现代公共文化服务体系的意见》，明确了现代公共文化服务体系的原则、目标和任务，强调要统筹推进公共文化服务均衡发展，增强公共文化服务发展动力，加强公共文化产品和服务供给，推进公共文化服务与科技融合，发展创新公共文化管理体制与运行机制，加大公共文化服务保障力度。2016年12月25日，第十二届全国人大常委会第二十五次会议高票通过了《公共文化服务保障法》，这是我国文化领域的一件大事，标志着我国文化法治建设取得了新的进展，也标志着我国公共文化服务体系建设进入法治化阶段。

现代公共文化服务提倡标准化、均等化、社会化和数字化等多方面的原则。标准化就是制定基本公共文化服务的范围、种类、程度、质量等方面的标准，并且把标准上升为政府政策，通过法律以强有力的刚性约束来促进基本公共文化服务的有教无类、普遍均等；均等化是指公民不论出身和贫富都普遍享受同等的基本公共文化服务；社会化就是打破公共文化服务由政府包办的现象，充分发挥好市场和社会的力量，形成政府、市场、社会三者的合力；数字化就是促进政府向社会提供的公共文化设施、产品、服务、制度体系、服务方式和运营管理等朝着数字化、智能化形态转化。完善现代公共文化服务体系，要坚持政府主导、社会参与、重心下移、共建共享。要坚持缺什么补什么，注重有用、适用、综合、配套，统筹建设、使用与管理；要完善公共文化服务网站，做好公共文化馆、图书馆、博物馆、美术馆、乡镇（街道）综合文化站、村（社区）综合性文化服务中心等的规划建设，提高广播电视播出机构的直播能力和发射（监测）台、卫星地球站、直播卫星平台的承载能力；要推动基层公共文化设施资源共建共享，整合宣传文化、党员教育、科普普法、体育健身等资源，建设乡镇（街道）、村（社区）的综合文化服务设施，推进公共文化设施免费开放；要创新公共文化服务运行机制，推动各级政府购买公共文化服务，鼓励社会组织和企业参与公共文化设施运营和产品服务供给。

对于文化产业而言，它是创造社会财富，实现文化繁荣的必然手段。正是由于文化产业具有改变现存文化发展与经济增长的价值与功能，文化产业现代发展的成熟程度以及它在国民经济和社会发展中所处的地位、所发挥的作用和影响的程度，将直接构成一个国家的综合实力和软实力的关键要素。文化产业的现代发展具有战略意义和战略价值。文化产业的充分发展有利于发挥市场积极作用、激发文化发展活力，有利于促进经济结构调整、转变经济增长方式，有利于满足人民群众文化需求、提高民生发展水平，有利于促进文化与科技融合、打造新兴文化业态。党的十八大以来，文化产业发展进入新的发展壮大阶段。文化产业在立法及相关政策法规体系完善、区域文化产业转型升级、文化金融合作、人才培养、小微企业扶持、文化与科技融合等方面有了新的突破和发展，主要体现在：引领文化产业创新发展，促进文化资源与文化产业有机融合，扩大和引导文化消费，提高文化产业发展质量和效益，完善文化市场准入和退出机制，鼓励社会资本进入文化市场，培育一批竞争力强的骨干文化企业，加强文化企业孵化器、公共服务平台、众创空间建设，支持中小微文化企业发展，加快发展动漫游戏、网络视听、移动多媒体，数字出版等新兴产业，围绕“互联网+”大力发展新型文化业态，推动文化与信息、金融、制造、建筑等深度融合，支持有条件的地区发挥技术和人才密集的优势，发展以文化创意为主的产业集群，在中西部地区推进丝绸之路文化产业带、藏羌彝文化产业走廊建设，扩大文化消费，支持大中城市建设文化娱乐综合体，培育农村文化市场，促进文化消费便利化、大众化，完善多层次的产品市场和要素市场，加快构建统一开放、竞争有序、诚信守法、监管有力的现代文化市场体系，等等。

新时代的中国文化产业发展基于以下几个原则。

第一，践行核心价值，坚持双效统一。文化产业的发展不能唯利是图，而是要把社会效益放在首位，努力实现社会效益和经济效益相统一。要自觉践行社会主义核心价值观，改革完善文化产品评价体系，有效引导创作生产，牢牢把握文化产业发展正确方向；要坚持把新发展理念的要求贯穿到文化产业发展的各个方面，改变不符合科学发展要求的思想观念、体制机制和做法；要坚持统筹兼顾，统筹城乡区域文化发展，统筹国内国际两个大局，积极开拓国内国际文化市场，使文化产业在发展竞争中真正做到结构好、效益好、布局好。

第二，政府、市场、社会三元良性互动。发展文化产业是一项系统工程，必须坚持政府、市场、社会三元良性互动，实现政府、市场、社会三者之间的相互协调配合，优化文化领域的产业资源配置，为文化产业的发展提供良好的制度环境、政策条件和社会氛围。

第三，注重内容，注重创意。文化产业从根本上说是内容产业，必须坚持内容为王，要大力实施文化精品战略，持续推进文化内容创新，推动内容产业和相关产业融合发展，服务内容产业发展内涵和外延，提升内容产品的品牌价值和附加值，加大推广营销力度和知识产权保护力度，通过加快发展内容产业，切实增强我国文化产业的核心竞争力。

第四，因地制宜，特色突出。我国幅员辽阔，发展文化产业必须坚持因地制宜，从实际出发，科学制定发展战略，以特色化、差异化为突破口，学习借鉴世界优秀文化，积极推动中华民族文化繁荣发展，走出一条中国特色文化产业发展道路。

第五，科技助推业态融合。科学技术对文化产业发展具有重要的支撑作用，发展文化产业必须坚持深入实施科技带动战略，大力推进文化与科技融合，持续推动文化科技创新，增强文化产业的科技含量和自主创新能力，抢占文化发展制高点，形成新的文化创造力和竞争力，实现文化产业的跨越式发展。

第三节　加快构建中国特色哲学社会科学

哲学社会科学作为人们认识世界、改造世界的重要工具，是推动历史发展和社会进步的重要力量。加快构建中国特色社会主义哲学社会科学是文化发展战略的重要举措，也是促进文化繁荣兴盛的核心所在。习近平总书记强调，人类社会每一次重大跃进，人类文明每一次重大发展，都离不开哲学社会科学的知识变革和思想先导。哲学社会科学的发展水平和繁荣程度，折射着一个国家、一个民族文化发展的状况，它的特色、风格、气派，就是国家软实力和国家文化形象的生动体现。新时代中国特色社会主义的发展需要科学、先进的理论作为指导，而理论的形成离不开哲学社会科学工作者的坚定信念和智慧创造，本书通篇探讨的国家文化发展战略，其实也是哲学社会科学发展成熟的表现。所以，以“加快构建中国特色哲学社会科学”一节作为全书收篇的意义也在这里。

中国共产党始终高度重视哲学社会科学，始终高度重视哲学社会科学在党的理论创新、国家经济社会发展特别是文化建设中的重要地位和作用。2016 年 5 月 17 日，习近平总书记主持召开哲学社会科学工作座谈会并发表重要讲话指出：“哲学社会科学是人们认识世界、改造世界的重要工具，是推动历史发展和社会进步的重要力量，其发展水平反映了一个民族的思维能力、精神品格、文明素质，体现了一个国家的综合国力和国际竞争力。一个国家的发展水平，既取决于自然科学发展水平，也取决于哲学社会科学发展水平。一个没有发达的自然科学的国家不可能走在世界前列，一个没有繁荣的哲学社会科学的国家也不可能走在世界前列。”[①] 在国家从文化大国向文化强国转变的过程中，哲学社会科学具有不可替代的重要地位，哲学社会科学工作者具有不可替代的重要作用。当前，中国已经步入了世界舞台中心并且日益发挥着举足轻重的作用，哲学社会科学作为我们文化软实力的重要体现，应理所应当地展现自身的魅力和价值。

中国特色哲学社会科学是建立在中国实践和中国经验的基础之上，以马克思主义为指导，通过当代中国的哲学、文学、艺术学、历史学、经济学、政治学、社会学、法学等学科构建起来的理论体系和话语方式。这一体系和方式要围绕我国和世界发展面临的重大问题，着力提出能够体现中国立场、中国智慧、中国价值的理念、主张、方案，努力创建中国学派、中国流派，既要用中国理论解决中国问题、解读中国实践，也要为解决人类面临的共同问题提供中国智慧、中国方案。我们要把跨越时空、超越国度、富有永恒魅力、具有当代价值的文化精神弘扬开来，把既继承传统优秀文化又弘扬时代精神、既立足本国又面向世界的当代中国文化创新成果传播出去。正如习近平总书记指出的，“我们不仅要让世界知道‘舌尖上的中国’，还要让世界知道‘学术中的中国’、‘理论中的中国’、‘哲学社会科学中的中国’，让世界知道‘发展中的中国’、‘开放中的中国’、‘为

① 习近平在哲学社会科学工作座谈会上的讲话［N］. 人民日报，2016-05-19（02）.

人类文明作贡献的中国'"①。与此同时，当代中国的伟大社会变革，不是简单延续我国历史文化的母版，不是简单套用马克思主义经典作家设想的模板，不是其他国家社会主义实践的再版，也不是国外现代化发展的翻版，不可能找到现成的教科书。所以，哲学社会科学必须建立在现实基础上，挖掘新材料、发现新问题、提出新观点、构建新理论，这就要求哲学社会科学工作者具有坚定的价值信念、正确的政治立场、强烈的探索精神和积极的创新意识。科研工作者绝对不能够崇洋媚外、以洋为尊、奴相十足、妄自菲薄，也不能够闭门造车、自说自话、自满自大、唯吾独尊，而是要不断地吸收一切国家、民族的优秀哲学社会科学成果，并且结合自身发展特点和具体实际，去粗取精、去伪存真，妥善利用、借鉴发扬。我国是哲学社会科学大国，其研究队伍、论文数量、政府投入等在世界上都排在前面，但目前在学术命题、学术思想、学术观点、学术标准、学术话语上的能力和水平同我国综合国力水平和国际地位还不太相称，哲学社会科学的发展还没有上升到系统性战略的高度。习近平总书记提出的构建中国特色哲学社会科学，就是要求我们在文化发展战略的顶层设计方面加强对学科体系、学术体系、话语体系的总体建设，提高学术原创能力，培养学术大师，增加具有世界影响力的哲学社会科学成果。

我们要清醒看到，当前中国的哲学社会科学发展面临着诸多现实问题。从国际层面看，经济全球化、政治多极化、文化多元化趋势不可逆转，整个国际社会经历着新的变化和调整，中国的国际地位不断提高，更多更深入地参与全球治理，国际影响力与日俱增。然而，西方社会特别是

① 十八大以来重要文献选编：下册［M］．北京：中央文献出版社，2018：324.

一些欧美发达国家对我国发展的现状抱有猜忌，并且持有旧式的冷战思维和霸权思想，往往对我国实施战略上围堵、发展上牵制、理论上歪曲、形象上丑化。我国的哲学社会科学作为文化软实力和思想文化的展现，必须要积极应对国际社会的一系列挑战，并且针对重大的理论和现实问题做出具有说服力的科学解答。在自身建设上，我们需要更加具有文化自信，不能将我们自己的哲学社会科学建成西方理论的奴才和舔狗。过分迷恋西方理论和话语，唯西方思想至上的错误观念在当前哲学社会科学领域并不少见，在建设理念、评价体系、制度建设等诸多方面也都不乏其例，可见我们抵御外来错误价值观念和意识形态渗透的能力还不强，维护国家文化安全以及防范各种文化攻击的方法手段还很单一。我们应该清晰地看到哲学社会科学不同于自然科学，其背后有着更加深刻的政治属性和意识形态因素，这些因素将直接而深入地影响哲学社会科学的发展和特征。如果认识不到这个本质，那么从事哲学社会科学将是盲目和低效的，特别是随着当前互联网和新兴媒体的广泛使用，这些方面的问题将会更加突出，亟待妥善处理。

从国内层面看，中国特色社会主义进入了新时代，“两个一百年”的伟大战略目标正在有条不紊地推进，我国的社会主要矛盾发生了深刻的变化，整个社会对于新的思想理论的需求不断加大，同时文化领域的各种风险也不断增加，各种社会不良思潮伴随着国家开放的过程侵袭而来，这将直接影响国家的健康发展和战略的顺利实施。中国共产党带领全国各族人民在中华民族伟大复兴的进程中需要构建具有中国特色的哲学社会科学，努力整合各个学科，构建并发展出一套成系统、较为完备、较为成熟的解读近代以来中国发展变化、解读当代中国发展的学科体系、学术体系、话语体系。然而，我们要清醒地看到，当前我国研究很多方面仍然是照搬西方的理论、学术、知识、观点、原理、概念、范畴、标准、话语等来解读中国的实践。除了科研内容和方式，更值得注意的是不少研究部门和单位还建构了一套崇拜西方的研究价值观念和科研管理制度，这其实是错误地引导哲学社会科学工作者走向偏颇和歪路。近年来国家采取了一系列的措施对这些问题进行调整和纠偏，如教育部门提出的“不允许有西方政治价值观念的教材进课堂”，以及“破四唯”（唯论文、唯学历、唯帽子、唯职称）和“去 SCI 化”等都是响应中央号召后积极且有益的尝试。中国是一个拥有 14 亿人口的泱泱大国，哲学社会科学是民众获得知识、培育性情、塑造心智、养成观念的重要途径，构建中国特色的哲学社会科学就是构建人们的精神家园，就是构筑国家的希望和未来。哲学社会科学工作者的使命和职责重大，他们肩负着传播科学真理、繁荣中国学术、发展中国理论、弘扬中国思想等重任，同时他们也是国家文化发展战略实施过程中的关键力量和重要因素，值得高度重视和认真对待。

迈进新时代，加快构建中国特色哲学社会科学是重要的战略任务，用中国特色哲学社会科学指导国家发展的具体实践是重要的战略要求。习近平总书记强调，中国特色哲学社会科学要体现继承性、民族性，坚持古为今用、洋为中用，善于融通马克思主义、中华优秀传统文化和国外哲学社会科学的优秀资源。在指导实践的过程中，要坚持从我国实际出发，着力提出立足中国立场、具有中国智慧、反映中国价值的理念、主张、方案，其中有几个方面值得特别注意。

第一，构建中国特色哲学社会科学必须坚持以马克思主义为指导。坚持以马克思主义为指导，是当代中国哲学社会科学区别于其他哲学社会科学的根本标志。马克思主义是关于社会发展的科学理论，是扬弃资本主义、克服现代社会弊疾的社会理想，不论是在学理上还是在法理上都是对资本主义理论和制度的超越。马克思主义以实现人的自由、全面发展和全人类解放为己任，最大限度地维护和实现人民群众的根本利益，因而具有崇高的价值追求。在马克思主义指引下，人们或通过革命方式，或通过思想批判等方式，反抗社会制度，不断促进人类社会向前发展。与此同时，马克思主义还为人们提供了认识世界和改造世界的科学方法。在历史发展的宏大进程中，中国人民选择了马克思主义，并以此作为社会发展的指导思想。中国共产党在马克思主义指引下完成了反帝反封建的历史任务，使近代中国摆脱了苦难，告别了被压迫、被奴役的悲惨命运，实现了人民独立自主、国家繁荣富强。改革开放以来，中国逐渐探索出一条崭新的中国特色社会主义道路，构建了富有生命力的中国特色社会主义理论体系，建立了比较完善、科学的中国特色社会主义制度。我国哲学社会科学要反映社会主义经济制度并推进社会主义经济体制和政治体制改革，在国家的未来发展战略中，在实现中华民族伟大复兴的进程中，更加需要马克思主义作为指导思想，引领中国发展前进的方向。当前，社会思潮多元多变，人们的思想观念复杂多样，要巩固马克思主义在意识形态领域的指导地位，就必须坚持马克思主义指导思想，积极发挥哲学社会科学传播先进理念、凝聚思想共识、激发奋斗热情的功能。马克思主义迄今仍然有着强大生命力，依然占据着真理和道义的制高点。没有马克思主义的指导，我国哲学社会科学就会失去灵魂、迷失方向，最终也不能发挥应有的作用。

第二，构建中国特色哲学社会科学必须坚持中国特色的发展思路。中国哲学社会科学不能“跟在别人后面亦步亦趋”，而要“以我国实际为研究起点，提出具有主体性、原创性的理论观点”。具体来说，我国哲学社会科学研究要立足中国的实际情况，归纳总结新民主主义革命、社会主义革命和社会主义建设、改革开放当中的成功做法，系统研究党在各个阶段提出的新理论、新思想、新理念。哲学社会科学作为上层建筑，要有效地服务经济基础。当前，围绕中国特色社会主义建设事业，哲学社会科学应该有机地针对“五位一体”总体布局、“两个一百年”奋斗目标与中国梦、“四个全面”战略布局、五大发展理念等党中央治国理政的新理念、新思想、新战略进行研究。所谓中国特色，就是要按照立足中国、借鉴国外，挖掘历史、把握当代，关怀人类、面向未来的思路，着力构建中国特色哲学社会科学，在指导思想、学科体系、学术体系、话语体系等方面充分体现中国特色、中国风格、中国气派。中国特色体现的是中国自信和中国自强，一味地迎合西方的评价标准和制度只会束缚我哲学社会科学研究的原生动力和创造活力。与此同时，中国特色也需要充分借鉴吸收西方文明。在漫长的人类发展过程中，世界人民创造了辉煌灿烂的文明。但是，由于战争破坏和文明对抗，有些民族的文明被迫中断了，有些民族的文明虽然存活下来但没有发扬光大，有些民族的文明在文明大交流大融合中发展壮大。西方率先完成了近代的科技革命和工业革命，由此产生的一系列哲学、宗教学、艺术、文学、社会学、经济学、政治学、法学等学科得到长足发展，一系列现代性价值得到全世界范围内的普及和推广。西方哲学社会科学一直保持着强势地位，我们一直在学习西方的哲学社会科学发展模式，并且通过学习不断地寻求自身发展的各种可能性空间，这个趋势将长期持续。

第三，构建中国特色哲学社会科学必须坚持以人民为中心的价值导向。中国特色哲学社会科学事业是以为人民服务为价值导向的事业，这是根本的立场，很多研究者缺少这个立场就会让自己的研究变得偏颇乃至错误。如果说自然科学研究希望排除掉一切人为因素以寻求到所谓客观研究的话，那么哲学社会科学根本不可能离开人这个基本因素，或者说哲学社会科学的客观性是一种属人的客观性，所有的研究者都生活在现实生活当中，而且深受其所处社会制度、文化、信仰和价值观念的影响，其研究成果必然会打上社会的烙印。事实上，各个学科都在研究人类以及人类社会的不同方面和领域，哲学社会科学其实就是人学，那么我国的哲学社会科学不仅研究最广大的人民群众，而且其研究成果也最终服务于广大人民群众。我国是社会主义国家，中国共产党是哲学社会科学发展的坚强领导核心，这就要求我国的哲学社会科学必须坚持为人民服务和为社会主义服务的研究方向，把满足人民群众精神文化需求作为根本出发点，把增强中国特色社会主义道路自信、理论自信、制度自信、文化自信作为根本目的。与此同时，中国特色哲学社会科学的价值导向还体现在它坚持人民群众既是历史的创造者也是一切物质财富和精神财富的创造者的观点，在研究过程中尊重人民的主体地位和首创精神，充分依靠人民搞研究，多出经得起历史、实践和人民检验的优秀成果。离开了人民群众的哲学社会科学成果是没有生命力的成果，也是抽象虚假的思想产品。只有全体管理者、工作者、研究者在从事各项科研及相关工作时根植于人民，服务于人民，找准现实社会问题，抓住人民真实需求，才能真正地拥有理论科研的源头活水，才能不断地贡献出经典的有价值的哲学社会科学成果。只有形成全社会的健康的科研共同体，才能够有序快速地构建起中国特色哲学社会科学体系。

结　语

如何深入研究阐释
习近平新时代中国特色社会主义思想

——在庆祝中国共产党成立100周年的新起点上

习近平新代中国特色社会主义思想是中国共产党带领全国各族人民迈进新时代、开启新征程、续写新篇章的政治宣言和行动纲领，也是我们开展各项工作的伟大指南和根本遵循。当前，深入学习贯彻习近平新时代中国特色社会主义思想是全党全国的首要政治任务。立足2021年历史发展新起点，把研究阐释习近平新时代中国特色社会主义思想不断引向深入，需要明确理论地位、认清时代价值，理顺逻辑关系、把握丰富内涵，品味话语风格、体会情怀担当，找准现实问题，投入实践热情，定位历史阶段，聚焦未来发展。这是一项长期、全面、立体、综合的工作，既有鲜明的政治性和政策性，又有深刻的理论性和学术性，这既是梳理和阐发性的理论工作，同时也是宣传和引导性的实践工作，需要理论工作者高度投入，实现知情意的统一。

党的十九大报告正式提出了习近平新时代中国特色社会主义思想，并将其写入党章和宪法，这是党带领全国各族人民迈进新时代、开启新征程、续写新篇章的政治宣言和行动纲领，也是我们开展各项工作的伟大指南和根本遵循。习近平总书记举旗定向、谋篇布局，在党和国家发展的关键时期科学和正确地回答了“新时代坚持和发展什么样的中国特色社会主义，怎样坚持和发展中国特色社会主义”这一根本问题，其理论既高屋建瓴又微观细致，其内容既明晰具体又哲意深远，其语言既平实真切又饱含深情。从党的十九大开始，经由十九届二中、三中、四中、五中全会的胜利召开，一系列重大的理论观点和科学论断相继提出，习近平新时代中国特色社会主义思想得以不断丰富和发展，并被注入了新的理论内涵和现实要求。2021 年，中国共产党迎来百年华诞，这也是我国继全面建成小康社会、实现第一个百年奋斗目标之后，乘势而上开启全面建设社会主义现代化国家新征程、向第二个百年奋斗目标进军的开篇之年。伟大的事业需要伟大的理论作为指导，因此学习贯彻习近平新时代中国特色社会主义思想是一项首要的政治任务。特别是对高校思想理论工作者而言，如何立足国家发展新起点，把研究阐释习近平新时代中国特色社会主义思想不断引向深入，充分彰显其鲜明理论魅力和巨大真理力量，便成为当前工作的重点和难点所在。所谓“深入”，既是一种理论工作态度，也是一种科学研究方法，它要求我们在研究阐释过程中努力做到以下几个方面：

第一，明确理论地位、认清时代价值。地位关乎事物的重要性和突出性，对理论的地位有准确的认识是顺利开展研究阐释工作的前提。习近平新时代中国特色社会主义思想是对马克思列宁主义、毛泽东思想、邓小平理论、“三个代表”重要思想、科学发展观的继承和发展，是马克思主义中国化的最新成果，是党和人民实践经验和集体智慧的结晶，是中国特色社会主义理论体系的重要组成部分，是全党全国人民为实现中华民族伟大复兴而奋斗的行动指南。这五个“是”的判断精准揭示了习近平新时代中国特色社会主义思想在马克思主义中国化和中国特色社会主义理论体系中的地位所在①：一方面，它是我们党对如何坚持和发展中国特色社会主义的伟大探索，是对以往理论的深化、创新和发展，其理论初心、本质和目标等内在主旨都完全一致；另一方面，它又是中国发展进入新时代，面对各种新形势和新问题而产生的新理论，具有鲜明的时代特征和现实关切。所以，我们要坚持历史唯物主义和辩证唯物主义的方法论要求，将理论的历史传承性和时代发展性有机地结合起来理解，不可偏颇。

与此同时，理论的地位体现出它所具有的时代价值。毋庸置疑，习近平新时代中国特色社会主义思想开辟了马克思主义新境界、中国特色社会主义新境界、治国理政新境界以及管党治党新境界，这是它的理论特征，也是它的时代价值。我们要深刻把握“新时代”这个关键背景，清楚地认识到当前任何的思想发展、理论创新以及任何改革举措都只有放在“新时代”的发展要求中才能得到科学的认识和正确的解释。当前国家正处于重要战略机遇期，国内外环境正在发生深刻复杂的变化，在新的发展阶段，中国人民有信心、有底气、有能力继续谱写“两大奇迹”新篇章，必然要不断强化习近平新时代中国特色社会主义思想的指导地位意识。“新时代”提出了“新要求”，“新理论”开辟了“新境界”，只有新时代的新理论才

① 习近平．决胜全面建成小康社会 夺取新时代中国特色社会主义伟大胜利——在中国共产党第十九次全国代表大会上的报告［M］．北京：人民出版社，2017：20.

能指导新的伟大实践，才能取得新的伟大成就。所以，只有突出“新”这个关键词，坚持“新”的价值取向，才可能将研究阐释工作往深里走、往实里走、往心里走。

第二，理顺逻辑关系、把握丰富内涵。逻辑是理论的四梁八柱及其构建规则，研究阐释工作的基础就在于寻找思想体系背后的逻辑关系。十九大报告是阐释习近平新时代中国特色社会主义思想的基础性文献，报告中运用系统观念这一基础性的思想和工作方法提出了“八个明确”和“十四个坚持”的重要内容，这是我们理解其思想的逻辑关系的根本依据。“八个明确”深刻分析了社会矛盾的深刻变化，精准指出了坚持和发展中国特色社会主义的总任务、总体布局、战略布局以及各项具体目标，既是习近平新时代中国特色社会主义思想的内容体现，又可从中清晰感受到目标性导向和原则性要求，“明确”一词既是“阐释”，又是“提醒”，是“是”与“应当”的有机统一。“十四个坚持”作为坚持和发展中国特色社会主义的基本方略，既是实践中的具体要求，也是实现理论目标的基本步骤和重要方法；既要突出党对一切工作的领导，又要强调以人民为中心并以此推进各项工作顺利进行，“坚持”一词既是“要求”，又是“方法”，是“理论”与“实践”的有机统一。“不谋万世者，不足谋一时；不谋全局者，不足谋一域”，习近平新时代中国特色社会主义思想是为人民谋幸福、为民族谋复兴的顶层设计和科学谋划，具有全局性、战略性、前瞻性、导向性和统筹性的特征。“八个明确”和“十四个坚持”紧密相连，互为印证，其中的每一项内容又是一个具体的实践领域，又能以此展开并引发丰富的理论内涵和明确的工作要求，它们有机统一在一起，共同构成了习近平新时代中国特色社会主义思想宏大的逻辑体系。

在实践的视野中，理论能够明晰深刻；在理论的指引下，实践愈发具体有效。习近平新时代中国特色社会主义思想中没有空洞的概念和抽象的逻辑，而是处处指向现实、指向未来、指向实践，是融科学性和实践性于一体的、更高层次的理论逻辑体系。“事非经过不知难，成如容易却艰辛”，理论工作者要在实践性的话语中把握其丰富理论内涵，不能将习近平新时代中国特色社会主义思想降级理解为一种简单的操作守则和机械教条，不能丢弃这一思想中深刻的实践价值，不能沉迷于书斋式的、逃避现实的、脱离党和人民的理论空想和语词游戏中。

第三，品味话语风格、体会情怀担当。话语风格是表达思想、传递情感的重要手段，研究阐释工作不仅要解读理论、深挖内涵，还要感受话语风格中体现出的浓浓情怀。文以载道，书为传情，对于展现习近平新时代中国特色社会主义思想的著述而言，十九大报告无疑是当前最为经典、最为核心的文献，十九届二中、三中、四中、五中全会精神是对它的发展和深化，同时为了深入研究阐释这一博大丰富的理论体系及其话语风格，还需要紧密结合习近平总书记各个不同时期的重要文献来系统学习领会。其中，《习近平谈治国理政》第一、二、三卷是最为基础和重要的文献，《习近平新时代中国特色社会主义思想学习纲要》和《习近平新时代中国特色社会主义思想三十讲》以及“学习强国”网站等也都较为全面地整理了这一思想的内容和体系结构。同时，还包括关于某些重要问题论述的摘编，例如《习近平关于实现中华民族伟大复兴的中国梦论述摘编》《习近平关于全面深化改革论述摘编》《习近平关于全面依法治国论述摘编》《习近平扶贫论述摘编》《习近平关于中国特色大国外交论述摘编》《习近平关于科技创新论述摘编》《习近平谈“一带一路”》《论坚持推动构建人类命运共同体》等；也包括十八大以来习近平总书记围绕改革发展稳定、治党治国治军、内政外交发表的系列重要讲话（含贺信、回信、署名文章、接受访谈等）。此外，他在十八大之前的多部著作也是全面完整研究阐释新思想的文献来源，例如《知之深 爱之切》《摆脱贫困》《中国农村市场化建设研究》《关于社会主义市场经济的理论思考》《干在实处 走在前列》《之江新语》，以及系列采访实录《习近平的七年知青岁月》《习近平在正定》《习近平在宁德》《习近平在厦门》《习近平在福州》等。通过认真研究、系统梳理这些文献，我们能够感受到习近平总书记真切语言中的真挚情感和博大情怀，以及他成长为党和国家的领导核心所具有的非凡政治智慧、敏锐洞察眼光和强烈历史担当。习近平总书记在中外融通的话语体系中以讲故事、引寓言、说俗语等方式讲好中国故事，用讲道理、举例子、摆事实等方式引发现实思考、凝聚理论共识。他的文章用词凝练，既提纲挈领又隽永深远；他的论述直面问题，既娓娓道来又振聋发聩。习近平总书记在表述新时代中国特色社会主义思想时的语言风格极具吸引力、震撼力和感召力，理论工作者应细心品味、用心体会，唯此才能由表及里，见微知著，从而真正将研究阐释工作不断推向深入。

第四，找准现实问题，投入实践热情。问题是时代的呼声，科学理论的价值就在于破解时代难题，推动实践发展。理论研究阐释工作一定要立足实际，深入分析习近平新时代中国特色社会主义思想所面对的新的时代问题和突出矛盾。通过现实问题导入，能够更准确理解习近平总书记在经济、政治、法治、科技、文化、教育、民生、民族、宗教、社会、生态文明、国家安全、国防和军队、统一战线、外交、党的建设等各个方面做出的理论分析和政策指导。当今世界正经历百年未有之大变局，国家发展的外部环境日益复杂，我国仍然处于社会主义初级阶段，新时代主要矛盾已经发生历史性的变化，未来一个时期外部环境中不稳定不确定因素增多，存在各种可能冲击国家发展的风险隐患，新冠肺炎疫情全球大流行影响深远，世界经济可能持续低迷……通过把握新发展阶段问题的复杂性、紧迫性、长期性、艰巨性的特征，我们才能真正理解习近平总书记关于“明确”“坚持”“布局”“目标”“任务”“方式”“方略”“步骤”等充满实践性的理论话语的重大意义——吹响了伟大实践的号角，立下了时代奋进的宣言，号召我们不忘初心、迎难而上。

在习近平新时代中国特色社会主义思想的指导下，中国共产党带领全国各族人民砥砺前行、开拓创新，在极其复杂的世界形势和不利条件下（包括新冠肺炎的严重冲击）仍然保持经济社会稳定发展，三大攻坚战取得决定性成就，科技创新取得重大进展，改革开放实现重要突破，民生得到有力保障，完成“十三五”规划主要目标……这充分体现了习近平新时代中国特色社会主义思想的强大凝聚力和感召力。广大人民群众只有在科学理论的指引下才能够凝心聚力，众志成城，攻坚克难，他们既是伟大目标的实践者，也是最终的受益者，“理论一经掌握群众，也会变成物质的力量”①，科学的理论能够发挥作用，须臾离不开拥有巨大实践热情的群众。所以，研究阐释习近平新时代中国特色社会主义思想不能仅仅停留在“理论解释理论，概念说明概念”的“学究式”研究风气之中，而应该学以致用，要积极地宣传、教育广大民众，提高民众认知，鼓舞民众干劲，形成全社会学习贯彻习近平新时代中国特色社会主义思想的良好局面，为

① 马克思恩格斯文集：第1卷［M］. 北京：人民出版社，2011：11.

实现中华民族伟大复兴的目标铺垫强大的思想基石和心理基础。

第五，定位历史阶段，聚焦未来发展。研究阐释习近平新时代中国特色社会主义思想需要充分认识到党和人民事业所处的历史方位和发展阶段，在不同的时期，理论应有不同的现实侧重点和实践关注点。对于2021年这个特殊年份而言，我们要充分理解它的承前启后性，社会主义事业由此迈入了一个新发展阶段，这是中国共产党带领人民迎来从站起来、富起来到强起来历史性跨越的新阶段。研究阐释习近平新时代中国特色社会主义思想也将侧重于“全面建设社会主义现代化国家、基本实现社会主义现代化”这一主题，一些关于前一阶段的针对性的理论表述将圆满收官，并成为开启新阶段理论研究的重要历史财富和文化沉淀。

习近平新时代中国特色社会主义思想不是僵化的教条，而是具有与时俱进宝贵品格的真理体系，它紧紧地围绕发展这个核心主题，回应重大的现实问题，是发展着、进步着的理论。在新的历史阶段中，“十四五”规划和2035年远景目标将是接下来的中心工作主题，发展的主题被高度聚焦，以创新、协调、绿色、开放、共享为主题的新发展理念将贯穿我国现代化事业的全过程和各领域，以此努力实现国家更高质量、更有效率、更加公平、更可持续、更为安全的发展。与此同时，加快构建以国内大循环为主体、国内国际双循环相互促进的新发展格局，也将成为一项关系我国发展全局的重大战略任务，需要从全局高度准确把握和积极推进[①]。新发展阶段需要新发展理念，新发展理念推进新发展格局，三者有机结合在一

① 《中共中央关于制定国民经济和社会发展第十四个五年规划和二　三五年远景目标的建议》辅导读本［M］. 北京：人民出版社，2020：70.

起，形成了理论研究阐释的新生长点。进入新发展阶段，我国内外部环境经历着深刻变化，迫切需要作出科学的战略抉择、进行中长期发展格局再定位。所以，习近平新时代中国特色社会主义思想是大方向和大战略，“十四五”规划和2035年发展目标是习近平新时代中国特色社会主义思想的阶段性战略和实践性要求，发展目标中以定性为主、蕴含定量的表述方式正是对宏观战略的具体化展开和落实，体现了理论与实践、现实与理想的高度统一。

总之，研究阐释习近平新时代中国特色社会主义思想是一项长期、全面、立体、综合的工作，既有鲜明的政治性和政策性，又有深刻的理论性和学术性，理论工作者不仅要分析理论，体会情感，还要投入实践热情，要集知识、情感、意志于一体，这是做好理论工作的重要保障，是一种坚定信念、巩固决心的过程，知情意的融合能够使人努力整合资源、不断探索方法。对习近平新时代中国特色社会主义思想进行研究阐释，既是梳理和阐发性的理论工作，也是宣传和引导性的实践工作。理论工作者要根据自己的工作条件和实际擅长，带领学生、群众、党员干部等不同受众深刻学习领会习近平新时代中国特色社会主义思想在指导实践、推动工作中的巨大力量，并将其转化为拥护核心、爱戴核心的政治自觉和思想自觉，形成为中华民族伟大复兴而努力奋斗的强大精神动力。唯有这样，才能在2021年这个新的历史起点上，将习近平新时代中国特色社会主义思想的研究阐释和实践工作不断推向新阶段，取得更多更大的成绩。

参考文献

[1] 习近平．决胜全面建成小康社会　夺取新时代中国特色社会主义伟大胜利：在中国共产党第十九次全国代表大会上的报告［M］．北京：人民出版社，2017.

[2] 习近平．习近平谈治国理政［M］．北京：外文出版社，2014.

[3] 习近平．摆脱贫困［M］．福州：福建人民出版社，2014.

[4] 习近平．之江新语［M］．杭州：浙江出版联合集团，浙江人民出版社，2013.

[5] 习近平．干在实处 走在前列：推进浙江新发展的思考与实践［M］．北京：中共中央党校出版社，2013.

[6] 人民日报社理论部．深入学习习近平同志关于宣传思想工作重要论述［M］．北京：生活·读书·新知三联书店，2013.

[7] 人民日报社理论部．深入领会习近平总书记重要讲话精神［M］．北京：人民出版社，2014.

[8] 党的十九大报告辅导读本［M］．北京：人民出版社，2017.

[9] 中共中央文献研究室．习近平关于社会主义文化建设论述摘编［M］．北京：中央文献出版社，2017.

[10] 中央党校采访实录编辑室．习近平的七年知青岁月［M］．北京：中共中央党校出版社，2017.

[11] 党的十九大报告学习辅导百问［M］．北京：党建读物出版社，学习出版社，2017.

［12］陈先达．文化自信与中华民族伟大复兴［M］．北京：人民出版社，2017.

［13］齐丹丹．中国文化软实力研究［M］．北京：光明日报出版社，2017.

［14］雷巧玲，田建军．中国梦视域下文化强国战略研究［M］．北京：中国社会科学出版社，2017.

［15］戴兆国，等．走向文化强国的道德基石：培育和践行社会主义新道德［M］．北京：人民出版社，2017.

［16］干成俊，等．走向文化强国的精神动力：弘扬民族精神和时代精神［M］．北京：人民出版社，2017.

［17］王先俊．走向文化强国的理论旗帜：坚持马克思主义指导思想［M］．北京：人民出版社，2017.

［18］姚宏志，等．走向文化强国的精神支柱：坚定中国特色社会主义共同理想［M］．北京：人民出版社，2017.

［19］汪幼海．全球辐射影响力：文化软实力创新发展战略研究［M］．上海：上海社会科学院出版社，2017.

［20］刘佳．中国文化软实力战略转向研究［M］．北京：中国法制出版社，2017.

［21］彭东琳．列宁文化建设思想研究［M］．北京：中国政法大学出版社，2017.

［22］高英彤．文化软实力：理论与实践［M］．长春：东北师范大学出版社，2016.

［23］王永章，胡惠林．中国文化发展指数报告［M］．上海：上海人

民出版社，2016.

［24］贾磊磊．提高国家文化软实力研究［M］．北京：中国文联出版社，2016.

［25］李慎明．国际交往与文化软实力：兼论中国特色社会主义新文化战略［M］．长沙：湖南大学出版社，2016.

［26］李玮．俄罗斯人眼中的中国形象［M］．北京：北京大学出版社，2016.

［27］王秀丽．日本人眼中的中国形象［M］．北京：北京大学出版社，2016.

［28］梁虹．媒体视角下的世界文化［M］．北京：中国社会科学出版社，2016.

［29］沈壮海．文化如何成为软实力［M］．天津：天津教育出版社，2016.

［30］洪明星．当代中国文化体制改革逻辑研究：以国家、市场、社会关系为视角［M］．北京：高等教育出版社，2016.

［31］苗瑞丹．中国文化发展成果共享研究［M］．北京：中国社会科学出版社，2016.

［32］马建辉．朝向远大理想的精神构建：中国特色社会主义文化建设研究［M］．北京：中国人民大学出版社，2016.

［33］张泰城．井冈山精神［M］．北京：中共党史出版社，2016.

［34］李建中．文化关键词研究［M］．武汉：武汉大学出版社，2016.

［35］哈姆，斯曼戴奇．论文化帝国主义：文化统治的政治经济学［M］．曹新宇，译．北京：商务出版社，2015.

［36］樊鹏．文化与强国：德国札记［M］．北京：清华大学出版社，2015.

［37］张国祚．中国文化软实力研究论纲［M］．北京：社会科学文献出版社，2015.

［38］张冉．文化自觉论［M］．郑州：河南人民出版社，2015.

［39］欧阳谦，等．文化的转向：西方马克思主义的总体性思想研究［M］．北京：中国人民大学出版社，2015.

［40］邓显超．发展文化软实力的国际经验与中国选择［M］．北京：中国政法大学出版社，2015.

［41］谭虎娃．延安精神新论［M］．北京：人民出版社，2015.

［42］格尔茨．文化的解释［M］．韩莉，译．南京：译林出版社，2014.

［43］马克思．1844 年经济学哲学手稿［M］．中共中央马克思恩格斯列宁斯大林著作编译局编译．北京：人民出版社，2018.

［44］邓显超．迈向文化强国的文化发展战略［M］．北京：中国政法大学出版社，2014.

［45］李维．习近平重要论述学习笔记［M］．北京：人民出版社，2014.

［46］冯颜利．实现中国梦的精神支柱：中国特色社会主义文化建设［M］．北京：红旗出版社，2014.

［47］奈．软实力［M］．马娟娟，译．北京：中信出版社，2013.

［48］沈壮海．文化强国建设的中国逻辑［M］．北京：人民出版社，2017.

［49］陈先达．文化自信：做理想信念坚定的中国人［M］．长春：吉林人民出版社，2017.

［50］刘德定．当代中国文化软实力研究［M］．北京：人民出版社，2013.

［51］惠鸣．文化强国：理论与实践［M］．北京：社会科学文献出版社，2013.

［52］范英，夏俊杰，刘小敏．文化强国论［M］．广州：广东高等教育出版社，2013.

［53］黑格尔．黑格尔全集［M］．梁志学，译．北京：商务印书馆，2012.

［54］汤普森．意识形态与现代文化［M］．高铦，译．南京：译林出版社，2012.

［55］马克思恩格斯选集：第 1－4 卷［M］．北京：人民出版社，2012.

［56］方克立．中国文化的综合创新之路［M］．北京：中国社会科学出版社，2012.

［57］骆郁廷．文化软实力：战略、结构与路径［M］．北京：中国社会科学出版社，2012.

［58］郭建宁．中国文化强国战略［M］．北京：高等教育出版社，2012.

［59］马力，于春福，杨梅枝．建设社会主义文化强国研究［M］．西安：西北工业大学出版社，2012.

［60］威廉姆斯．文化与社会［M］．高晓玲，译．长春：吉林出版集

团有限责任公司，2011.

[61] 鲍曼．后马克思主义与文化研究 [M]．黄晓武，译．南京：江苏人民出版社，2011.

[62] 张双棣，张万彬，殷国光，等．吕氏春秋译注 [M]．北京：北京大学出版社，2011.

[63] 哈贝马斯．理论与实践 [M]．郭官义，李黎，译．北京：社会科学文献出版社，2010.

[64] 亨廷顿．文明的冲突与世界秩序的重建 [M]．周琪，等译．北京：新华出版社，2009.

[65] 墨菲．文化与社会人类学引论 [M]．北京：商务印书馆，2009.

[66] 本尼迪克．文化模式 [M]．王炜，等译．北京：社会科学文献出版社，2009.

[67] 刘明君，郑春来，陈少岚．多元文化冲突与主流意识形态构建 [M]．北京：社会科学文献出版社，2008.

[68] 本尼特．文化与社会 [M]．王杰，等译．桂林：广西师范大学出社，2007.

[69] 拉德布鲁赫．社会主义文化论 [M]．米健，译．北京：法律出版社，2006.

[70] 默克罗比．后现代主义与大众文化 [M]．田晓菲，译．北京：中央编译出版社，2006.

[71]《习仲勋传》编委会．习仲勋传：上卷 [M]．北京：中央文献出版社，2005.

[72] 奈．软力量：世界政坛成功之道 [M]．吴晓辉，钱程，译．北京：东方出版社，2005.

[73] 麦克里兰．意识形态 [M]．孙兆征，译．长春：吉林人民出版社，2005.

[74] 李厚羿．文化的实践与实践的文化：马克思文化理论的现代阐释 [M]．北京：中国社会科学出版社，2017.

[75] 中共中央宣传部．习近平新时代中国特色社会主义思想三十讲 [M]．北京：学习出版社，2018.